한정림 지음

EBS

Contents

Week 4

Series Contents

Preview

A 문장의 구성요소

주어

'은, 는, 이, 가'

문장의 주인이 되는 말로, 주로 문장 맨 앞에 와요.

I like ice cream. 나는 아이스크림을 좋아한다.
주어

동사

'~이다, ~하다'

동작, 상태를 나타내는 말로, 주로 주어 다음에 와요.

I like ice cream. 나는 아이스크림을 좋아한다.
동사

목적어

'을, 를'

주로 동사 다음에 와요.

I like ice cream. 나는 아이스크림을 좋아한다.
목적어

보어

주어를 보충해주는 말로, 주로 be동사, become, get, feel과 같은 단어 다음에 와요.

I am happy. 나는 행복하다.
보어

B 영어의 8품사

명사
사람, 사물, 동물, 장소, 가치나 생각을 나타내는 말
boy car bear zoo love

대명사
명사를 대신하는 말
he she they

동사
주어의 동작이나 상태를 나타내는 말
am are is run eat

형용사
명사를 꾸며주거나 주어를 보충해주는 말
big old kind

부사
형용사, 동사, 다른 부사, 문장 전체 등을 꾸며주는 말
slowly fast well

전치사
명사 앞에서, 장소, 시간 등을 나타내는 말
on in under

접속사
낱말과 낱말, 구와 구, 문장과 문장을 연결해주는 말
and but or

감탄사
기쁨, 슬픔, 놀람, 실망, 분노 등을 나타내는 말
Wow! Oh!

Unit 1

명사 girl cat house love

Check

● 다음 중 명사를 모두 고르세요.

boy bag monkey like park happy book

Listen and read. (T1)

We are twins.
We have a cat.
We live in a big house.

A 명사의 의미

사람, 사물, 동물, 장소, 생각이나 가치 등을 나타내요.

▶ grandpa, hat, dog, farm, peace

B 명사의 역할

명사는 문장에서 주어, 목적어, 보어가 될 수 있어요.

▶ <u>Grandpa</u> is happy. 할아버지는 행복하다.
주어

▶ He has a <u>hat</u>. 그는 모자를 가지고 있다.
목적어

▶ He is a <u>farmer</u>. 그는 농부이다.
보어

Tip
- 주어: 은, 는, 이, 가
- 목적어: 을, 를
- 보어: 주어를 보충

C 명사의 종류

셀 수 있는 명사

보통명사	사람, 사물, 동물, 장소 등을 나타내는 명사 ▶ singer, car, monkey, zoo
집합명사	사람이나 사물의 집합체를 나타내는 명사 ▶ family, fruit

셀 수 없는 명사

물질명사	액체, 고체, 기체, 가루 등의 물질을 나타내는 명사 ▶ 액체: water, juice, coffee, tea ▶ 고체: bread, cheese, paper ▶ 기체: air, gas ▶ 가루: sugar, salt, pepper, flour, sand, rice
추상명사	생각이나 가치를 나타내는 명사 ▶ love, trust, peace
고유명사	사람 이름, 지명 등을 나타내는 명사 ▶ Tom, Seoul

• 고유명사는 사람 이름이나 지명 등 특정한 명칭을 나타낼 때 사용되므로 첫 글자는 항상 대문자로 써요.

▶ Jenny(사람 이름), Seoul(도시 이름), Korea(나라 이름)

Exercises

• 명사의 의미: 사람, 사물, 동·식물, 장소, 생각이나 가치 등 이름을 나타내는 것

A 단어들을 읽고, 분류에 맞는 명사를 골라 두 개씩 쓰세요.

사람	dancer, man, Suji...	actor	
사물	computer, desk...		
동·식물	bear, flower...		
장소	house, airport...		
생각, 가치	friendship, trust...		

~~actor~~	creativity	mall	tiger	table
kitchen	teacher	love	book	leaf

B 명사가 아닌 것을 고르세요.

1. baby	girl	boy	(happy)
2. TV	pen	like	phone
3. bank	hungry	hospital	school
4. am	zoo	monkey	banana
5. cookie	eat	coffee	ice cream
6. sing	sun	bike	train
7. Spain	France	England	old
8. math	science	new	music

• 명사의 역할: 명사는 문장에서 주어, 목적어, 보어가 됨

C 문장을 읽고, 명사가 문장에서 하는 역할을 고르세요.

1. The singer is famous.

 목적어 보어

2. He is a famous singer.

주어 목적어 보어

3. I like the singer.

주어 목적어 보어

4. I love dogs.

주어 목적어 보어

5. The dog is mine.

주어 목적어 보어

6. He has a dog.

주어 목적어 보어

7. It is his dog.

주어 목적어 보어

8. The store is new.

주어 목적어 보어

9. It is a nice store.

주어 목적어 보어

10. She likes the store.

주어 목적어 보어

- 셀 수 있는 명사: 보통명사, 집합명사
- 셀 수 없는 명사: 물질명사, 추상명사, 고유명사

D 아래의 단어들을 보고, 종류별로 알맞은 칸에 넣어 보세요.

셀 수 있는 명사		셀 수 없는 명사		
보통명사	집합명사	물질명사	추상명사	고유명사
	family		love	
		bread		
				John
cup				

~~family~~ policeman fruit juice class ~~bread~~ sugar
~~love~~ friendship girl Korea King Sejong student
trust ~~John~~ ~~cup~~ team salt peace Jenny

E 셀 수 있는 명사를 모두 고르세요.

(1.) monkey

2. butter

3. bread

4. rose

5. dress

6. toy

7. book

8. grass

9. milk

10. boy

11. juice

12. house

F 문장을 잘 듣고, 들리는 단어를 고르세요. (T2)

1. friends twins
2. house apartment
3. cat dog
4. water juice
5. teacher baby
6. sugar salt
7. bread cheese
8. chocolate candy
9. table desk
10. family neighbor

G 셀로판을 사용하여 셀 수 없는 명사를 모두 찾아 쓰세요.

sxmcitlbkbxlxoicvdexckskaelkt

bwrjekaxdckjplekpfpoezrxktea

wfdlkojuvrcijAkmvecraidctas

Unit 2

단수명사-복수명사 car-cars

Check

● 다음 중 복수명사를 모두 고르세요.

toys dishes fox leaves party butterflies knife

Listen and read. T3

A 단수 · 복수의 의미

단수명사: 명사가 하나일 때
복수명사: 명사가 둘 이상일 때

B 단수 · 복수의 쓰임

1. 단수: a, an, one, this, that + 셀 수 있는 명사
   ▶ a banana, an orange, one apple, this melon, that pear

2. 복수: two, many, some, these, those + 셀 수 있는 명사 +s / +es
   ▶ two bananas, many oranges, some apples, these melons

C 복수명사의 형태 변화

1. 규칙 복수명사: +s / +es

+s	+es		
대부분의 명사	-s, -ss, -x, -sh, -ch, -o로 끝난 명사	-f, -fe로 끝난 명사	자음 +y로 끝난 명사
+s	+es	f, fe를 v로 고치고 +es	y를 i로 고치고 +es

bag - bags	bus - buses kiss - kisses box - boxes dish - dishes bench - benches potato - potatoes	wolf - wolves leaf - leaves wife - wives knife - knives	baby - babies lady - ladies city - cities country - countries strawberry - strawberries

- 모음 +y로 끝난 명사는 +s
  ▶ boys toys

2. -s / -es의 발음

	경우	예
/s/	무성음(k, p) +s	books, caps
/z/	모음(a, e, i, o, u) 유성음(r, g, l, n, v) +s	bananas, cars
/iz/	s, z, ch, sh +es	buses, dishes

Exercises

• 단수명사는 명사가 하나일 때, 복수명사는 명사가 둘 이상일 때

A 단수명사와 복수명사 중 올바른 것을 고르세요.

1. one — a. brother — b. brothers
2. two — a. orange — b. oranges
3. many — a. student — b. students
4. a — a. shirt — b. shirts
5. many — a. bench — b. benches
6. an — a. apple — b. apples
7. one — a. leaf — b. leaves
8. two — a. lady — b. ladies

• 단수명사와 함께 사용되는 것: a, an, one, this, that
• 복수명사와 함께 사용되는 것: two, many, some, these, those

B 문장에서 틀린 부분을 찾아 표시하고, 바르게 고치세요.

1. Jenny and I want many ~~strawberry~~. → strawberries
2. These are my sock. →
3. Three potato are in the box. →
4. There are two wolf at the zoo. →
5. I want one cherries. →
6. This is my bags. →
7. There are some box for my cat. →
8. Look at these leafs. →

• 규칙 복수명사를 만들 때: 단수명사 + -s / -es

C 복수명사를 만드는 방법이 나머지 세 개와 다른 것을 고르세요.

1.	bag	pen	book	box
2.	baby	boy	toy	girl
3.	bus	dish	kid	bench
4.	leaf	fork	wife	thief
5.	city	dog	lady	country
6.	carrot	onion	bean	strawberry
7.	desk	ax	peach	dress
8.	party	puppy	cookie	butterfly

D 단어들의 복수형을 쓰고, 만들 때 어떤 규칙을 사용하는지 연결하세요.

1. bench → benches •
2. wife → •
3. city → •
4. toy → •
5. carrot → •
6. fox → •
7. butterfly → •
8. knife → •

• ⓐ 대부분의 명사 +s

• ⓑ -s, -ss, -x, -sh, -ch, -o로 끝난 명사는 +es

• ⓒ -f(e)로 끝난 명사는 -f(e)를 v로 고치고 +es

• ⓓ 자음 +y로 끝난 명사는 y를 i로 고치고 +es

E 아래 단어들의 복수형을 알맞은 칸을 찾아 보기처럼 쓰세요.

+s	+es		
대부분의 명사	-s, -ss, -x, -sh, -ch, -o로 끝난 명사	-f, -fe로 끝난 명사	자음 +y로 끝난 명사
+s	+es	f, fe를 v로 고치고 +es	y를 i로 고치고 +es
1. bug - bugs	2. bus - buses	3. shelf - shelves	4. baby - babies

~~bug~~ ~~bus~~ ~~shelf~~ ~~baby~~ wife puppy box toy
class truck thief country desk peach leaf city

F 다음 단어들의 단수형 혹은 복수형을 쓰세요.

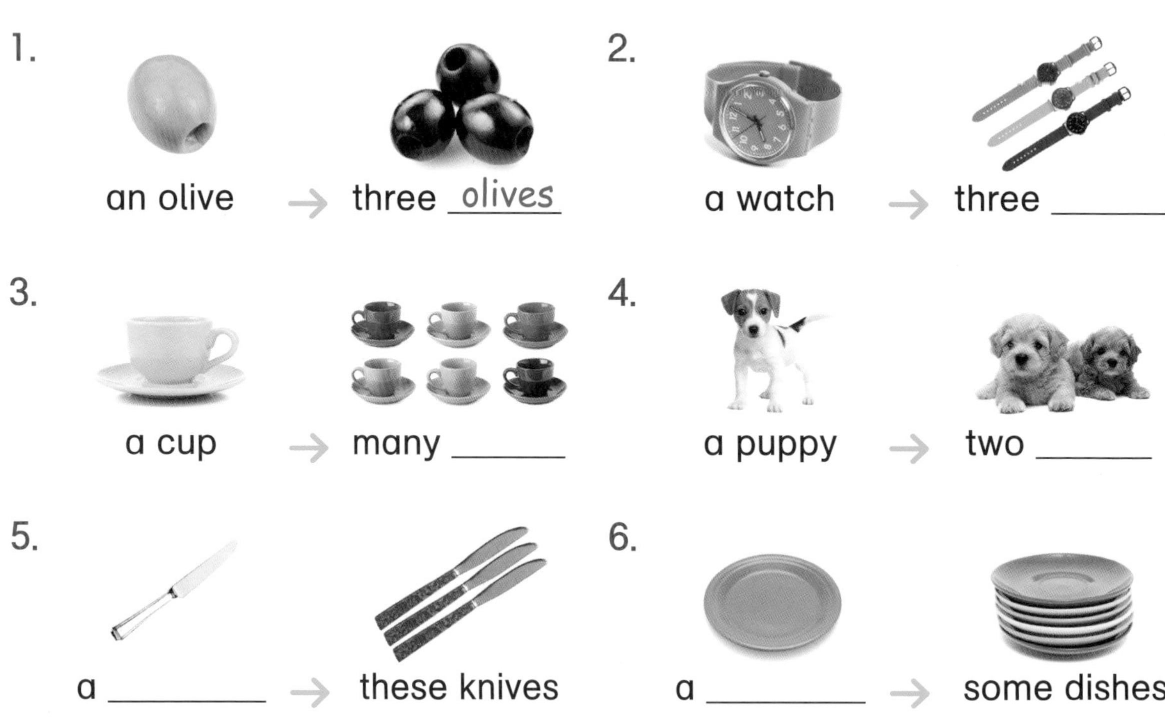

1. an olive → three olives
2. a watch → three ______
3. a cup → many ______
4. a puppy → two ______
5. a ______ → these knives
6. a ______ → some dishes

• 복수명사를 만들 때 *-s* / *-es*는 /s/, /z/, /iz/ 세 가지로 발음

G 문장을 잘 듣고, 들리는 단어를 고르세요. T4

1. book books
2. car cars
3. dish dishes
4. fox foxes
5. knife knives
6. lady ladies

H 복수명사를 잘 듣고, 끝 부분의 발음이 어떤 소리인지 고르세요. T5

1. /s/ /z/ /iz/
2. /s/ /z/ /iz/
3. /s/ /z/ /iz/
4. /s/ /z/ /iz/
5. /s/ /z/ /iz/
6. /s/ /z/ /iz/

I 셀로판을 사용하여 복수명사를 모두 찾아 쓰세요.

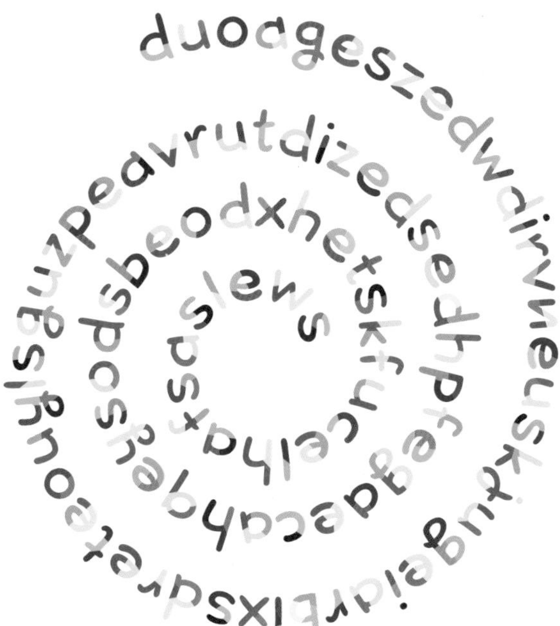

Unit 3

대명사 I you he

Check

맞는 문장은 C(correct), 틀린 문장은 I(incorrect)로 표시하세요.

I love he. ( )   I love him. ( )

Listen and read. T6

She is my mom.
He is my dad.
Coco loves the box and it is very big.

A 대명사의 의미

앞에 나온 명사를 대신하는 단어예요.

B 대명사의 종류

1. 1인칭 대명사

   I(나는): 말하는 사람 자신을 가리킬 때 사용

   we(우리는): I(나는) + you(2인칭)일 때 사용

   I(나는) + he, she, it, they(3인칭)일 때 사용

2. 2인칭 대명사

   you(너는, 너희는): 1인칭의 말을 듣는 사람(들)을 가리킬 때 사용

3. 3인칭 대명사

1, 2인칭을 제외한 모든 사람, 사물, 동물 등을 가리킬 때 사용

단수(하나)		복수(둘 이상)	
he(그는)	남자를 받는 대명사	they(그들은, 그것들은)	사람, 동물, 사물 등을 받는 대명사
she(그녀는)	여자를 받는 대명사		
it(그것은)	동물, 사물을 받는 대명사		

C 대명사의 격

1. 주격(은, 는, 이, 가): 문장에서 주어의 역할을 해요.

▶ I have a puppy. 나는 강아지가 있다.

2. 목적격(을, 를): 문장에서 목적어의 역할을 해요.

▶ Tommy loves me. Tommy는 나를 사랑한다.

• 대명사가 1, 2, 3인칭을 나타내기 때문에 인칭 대명사라고도 해요.
아래 표를 인칭, 격에 따라 정리하고 암기하면 큰 도움이 돼요.

수	인칭	주격(은, 는, 이, 가)		목적격(을, 를)	
단수	1	I	나는	me	나를
	2	you	너는	you	너를
	3	he	그는	him	그를
		she	그녀는	her	그녀를
		it	그것은	it	그것을
복수	1	we	우리는	us	우리를
	2	you	너희는	you	너희를
	3	they	그(것)들은	them	그(것)들을

Exercises

- 대명사의 의미: 앞에 나온 명사를 대신하는 단어
- 대명사의 주격(은, 는, 이, 가): 문장에서 주어의 역할

A 밑줄 친 부분을 대신할 수 있는 알맞은 대명사를 고르세요.

1. John is my best friend. (He) / She is very kind.
2. The bag is new. They / It is mine.
3. Cathy and I love music. She / We want to be singers.
4. You and Nick are close. You / I are good friends.
5. His daughter is Helen. He / She is 15 years old.

B 밑줄 친 부분을 대신할 수 있는 알맞은 대명사를 골라 쓰세요.

I you he she it we they

1. You and I are classmates. We are good friends.
2. Mike is my friend. ________ is very kind.
3. Sally is my friend, too. ________ is very smart.
4. Mike and Sally are my friends. ________ are great.
5. Sam and I like sports. ________ play soccer together.
6. You and Mary have presents. ________ look happy.
7. The bread smells good. ________ is very delicious.
8. The lions are at the zoo. ________ drink water.

- 대명사의 의미: 앞에 나온 명사를 대신하는 단어
- 대명사의 목적격(을, 를): 문장에서 목적어의 역할

C 단어에 알맞은 대명사의 목적격을 고르세요.

1. I my me mine
2. you your you yours
3. he his him its
4. she hers their her
5. it it's it its
6. we us our ours
7. they their them him
8. Adam her it him
9. Eve him her it
10. Tim and Ted him her them

D 밑줄 친 부분을 대신할 수 있는 알맞은 대명사를 골라 쓰세요.

me you him her it us them

1. I have a brother. I love him a lot.
2. Mr. Kim has a daughter. He loves _____ very much.
3. I know Mr. and Mrs. Lee. I like _______.
4. My sister and I visit grandparents. We love _______.
5. Paul's sister knows Miss Brown. She likes _____.
6. Kate is very nice to me and Mike. She likes _____ a lot.
7. Where are my shoes? I cannot find _______.
8. My dad has a very old jacket. He likes to wear _____.

• 문장의 주어는 주격 대명사(I, you, he, she, it, we, you, they) 사용
• 문장의 목적어는 목적격 대명사(me, you, him, her, it, us, you, them) 사용

E 대명사의 주격, 목적격에 유의하여 빈칸을 채우세요.

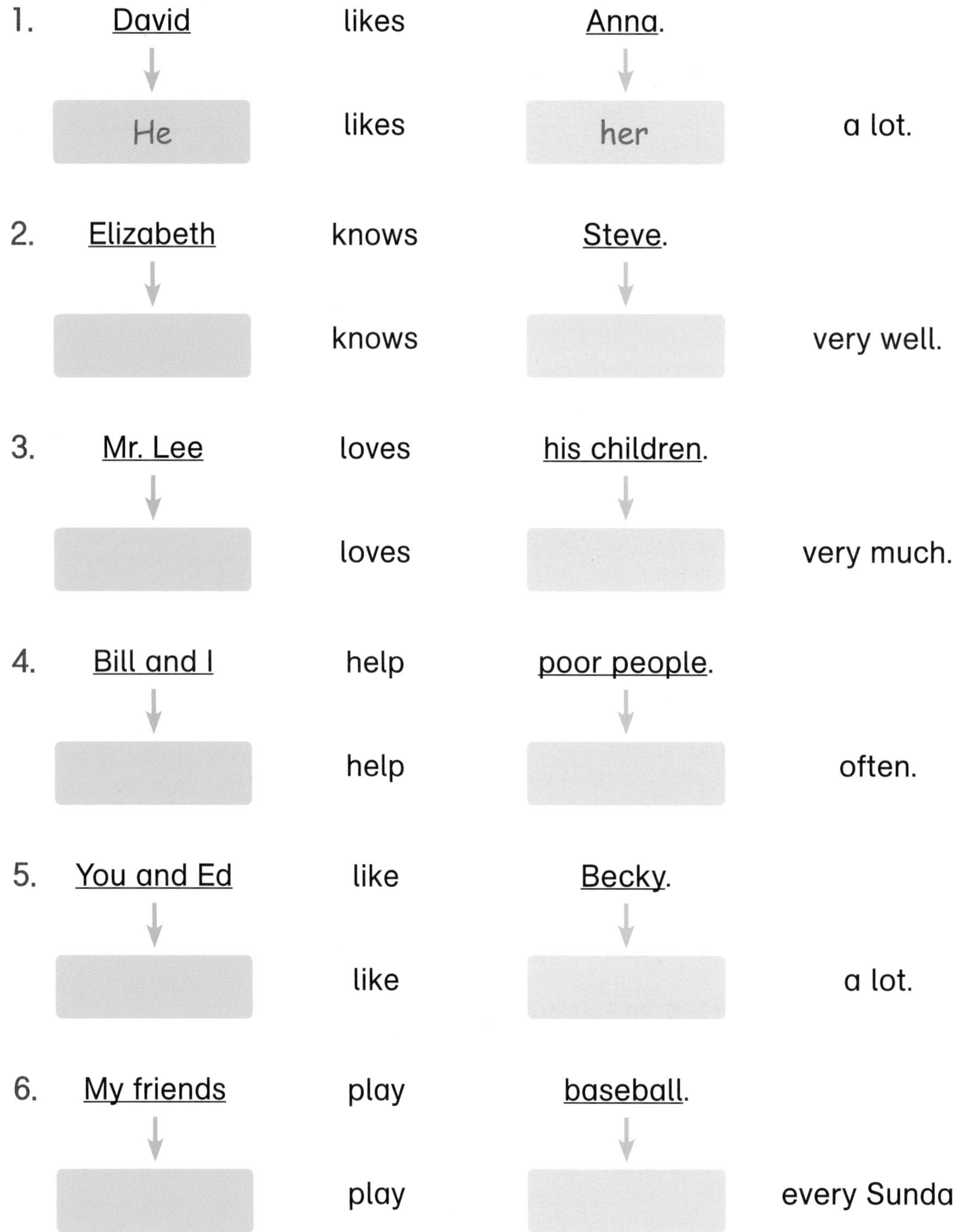

1. David likes Anna. → He likes her a lot.

2. Elizabeth knows Steve. → ______ knows ______ very well.

3. Mr. Lee loves his children. → ______ loves ______ very much.

4. Bill and I help poor people. → ______ help ______ often.

5. You and Ed like Becky. → ______ like ______ a lot.

6. My friends play baseball. → ______ play ______ every Sunday.

F 문장을 잘 듣고, 알맞은 대명사를 사용하여 대화를 완성하세요. (T7)

1. A: Is that man your father?
   B: No, __he__ isn't. __He__ is my uncle. I like __him__ a lot.

2. A: What do ______ have in the bag?
   B: ______ have an umbrella. I need ______ now.

3. A: Do you and your brother play basketball?
   B: Yes, ______ do. ______ play ______ every Sunday.

4. A: Do ______ and your sister like strawberries?
   B: Yes, ______ do. We eat ______ a lot.

5. A: Does Paul know Jane's friends?
   B: Yes, ______ does. ______ knows ______ well.

6. A: What is Mom baking?
   B: ______ is baking cookies. ______ are for ______ .

G 셀로판을 사용하여 빈칸에 알맞은 대명사를 쓰세요.

수	인칭	주격(은, 는, 이, 가)		목적격(을, 를)	
단수	1	나는	1. DIFG	나를	me
	2	너는	you	너를	5. iyqofu
	3	그는	he	그를	6. pheijml
		그녀는	2. esihie	그녀를	her
		그것은	it	그것을	7. ciwtk
복수	1	우리는	we	우리를	8. guhsfu
	2	너희는	3. uyeofu	너희를	you
	3	그(것)들은	4. tshwegy	그(것)들을	them

주격	1.	2.	3.	4.
목적격	5.	6.	7.	8.

Review 1

A 명사에 대한 문장을 읽고 맞으면 C, 틀리면 I를 선택하세요.

1. 명사는 사람, 사물, 동물, 장소, 생각이나 가치 등을 나타내요. C I
2. 명사는 문장에서 주어는 될 수 있지만, 목적어는 될 수 없어요. C I
3. 명사는 문장에서 주어, 목적어, 보어가 될 수 있어요. C I
4. happy는 명사예요. C I
5. monkey는 명사예요. C I

B 단수명사, 복수명사에 대한 문장을 읽고 맞으면 C, 틀리면 I를 선택하세요.

1. 셀 수 있는 명사가 하나일 때 단수명사라고 해요. C I
2. 셀 수 있는 명사가 둘 이상일 때 복수명사라고 해요. C I
3. 단수명사를 복수명사로 만들 때 모든 단어에 -s만 붙이면 돼요. C I
4. wife의 복수형은 wives, baby의 복수형은 babies예요. C I
5. -s, -ss, -x, -sh, -ch, -o로 끝난 단어는 -es를 붙여서 복수명사를 만들어요. C I

C 대명사에 대한 문장을 읽고 맞으면 C, 틀리면 I를 선택하세요.

1. 대명사는 앞에서 언급된 명사를 대신할 때 사용해요. C I
2. he는 3인칭 단수로 남자를 의미하고, '그는'이라는 뜻이에요. C I
3. she는 3인칭 복수로 여자를 의미하고, '그녀는'이라는 뜻이에요. C I
4. we는 '우리들은'이라는 뜻이고, 주격이에요. C I
5. they는 '그들을'이라는 뜻이고, 목적격이에요. C I

• 명사란 사람, 사물, 동물, 장소, 생각이나 가치 등을 나타내는 것

D 명사가 아닌 것을 고르세요.

1. go	student	school	bag
2. elephant	horse	zoo	beautiful
3. potato	supermarket	buy	tomato
4. dancer	sing	theater	singer
5. bank	hospital	bakery	old
6. kind	cake	milk	jam

• 명사는 문장에서 주어, 목적어, 보어로 사용
• 주어는 '은, 는, 이, 가', 목적어는 '을, 를'

E 명사를 찾아 밑줄을 긋고, 문장에서 하는 역할을 고르세요.

1. The teacher is kind.	주어	목적어	보어
2. She likes the teacher.	주어	목적어	보어
3. He is a teacher.	주어	목적어	보어
4. China is big.	주어	목적어	보어
5. I like ice cream.	주어	목적어	보어
6. She is a famous singer.	주어	목적어	보어

셀로판을 사용하여 우리말에 알맞은 영어 문장을 세 번씩 말해 보세요.

1. 우리는 쌍둥이예요. We are twins.
2. 우리는 고양이를 가지고 있어요. We have a cat.
3. 우리는 큰 집에 살아요. We live in a big house.

• 셀 수 있는 명사의 단수형, 복수형에 주의하기

F 복수명사를 만드는 방법이 나머지 세 개와 다른 것을 고르세요.

1. desks	pens	bags	classes
2. foxes	tigers	buses	benches
3. wolves	roofs	knives	leaves
4. toys	babies	ladies	cities
5. kisses	potatoes	axes	shoes
6. scarves	thieves	hives	shelves
7. tomatoes	cucumbers	melons	carrots
8. cherries	parties	apples	strawberries

G 문장에 알맞은 명사를 고르세요.

1. There are a lot of duck | ducks in the pond.
2. There are three lady | ladies at the bus stop.
3. Elizabeth has a pet hamster | hamsters .
4. Mrs. Lance has two daughter | daughters .
5. Many leaf | leaves fall from the trees.

셀로판을 사용하여 우리말에 알맞은 영어 문장을 세 번씩 말해 보세요.

1. 저는 곤충을 좋아해요. I like bugs. 
2. 제 고양이는 상자를 좋아해요. My cat likes boxes. 
3. 엄마와 저는 딸기를 좋아해요. My mom and I like strawberries.

- 문장의 주어는 주격대명사(I, you, he, she, it, we, you, they) 사용
- 문장의 목적어는 목적격대명사(me, you, him, her, it, us, you, them) 사용

H 문장에서 틀린 부분을 찾아 표시하고, 바르게 고치세요.

1. A: What do you and your sister like?
   B: She like cookies. →
2. A: Does Mr. Kim love his children?
   B: Yes, he loves him very much. →
3. A: Where is your bag?
   B: Its is on the table. →
4. A: Does Tom have sisters?
   B: Yes, he does. He loves her. →
5. A: Do you and your friends play soccer?
   B: Yes, they do. →

I 문장에서 주어는 ◯, 목적어는 △로 표시하세요.

1. We love him.
2. He knows me.
3. They like you.
4. You buy them.
5. She eats it.
6. I call her.

셀로판을 사용하여 우리말에 알맞은 영어 문장을 세 번씩 말해 보세요.

1. 그는 저의 아빠예요. He is my dad.
2. 그녀는 저의 엄마예요. She is my mom.
3. Coco는 그 상자를 좋아하고, 그것은 매우 커요.
   Coco loves the box and it is very big.

신나는 힙합 챈트를 들어보면서 배운 문법 내용을 연습해 보세요! T8

Unit 4

be동사 am are is

Check

● 맞는 문장은 C, 틀린 문장은 I로 표시하세요.

I'm Korean. ( )   He isn't a teacher. ( )

Listen and read. (T9)

I am from America.
We are from India.
He is from Korea.

A be동사의 종류

be동사 현재형에는 am, are, is가 있고, 주어에 맞게 사용해요.

주어(단수)	be동사	축약형	주어(복수)	be동사	축약형
I	am	I'm	we	are	we're
you	are	you're	you		you're
he	is	he's	they		they're
she		she's			
it		it's			

B be동사의 의미

1. ~이다: be동사 + 명사 / 형용사

▶ I am a student. 나는 학생이다. (student: 명사) ▶ I am happy. 나는 행복하다. (happy: 형용사)

2. ~에 있다: be동사 + at / in 장소

▶ I am in my room. 나는 내 방에 있다. (in my room: 장소)

C be동사 현재형의 부정문

1. be동사 부정문의 형태: be동사 + not

▶ I am not Chinese. 나는 중국 사람이 아니다.

2. be동사 부정문의 의미: ~가 아니다, ~에 없다

▶ I am not a teacher. 나는 선생님이 아니다.

▶ I am not in the room. 나는 방에 없다.

D be동사의 축약형

축약: 두 단어를 붙이고 줄여서 발음되는 현상으로 am, are, is의 첫 글자를 생략하고, '(apostrophe)를 붙인 후, 앞 단어에 붙여서 소리를 내요.

1. 대명사 주어와 be동사를 축약하는 경우

▶ He is happy. = He's happy. 그는 행복하다.

▶ He is not happy. = He's not happy. 그는 행복하지 않다.

2. be동사와 not을 축약하는 경우

▶ He is not upset. = He isn't upset. 그는 화나지 않았다.

긍정문	부정문		긍정문	부정문	
I'm	I'm not	X	we're	we're not	we aren't
you're	you're not	you aren't	you're	you're not	you aren't
he's	he's not	he isn't	they're	they're not	they aren't
she's	she's not	she isn't			
it's	it's not	it isn't			

Exercises

- be동사의 종류: be동사 현재형에는 am, are, is가 있고, 주어에 맞추어 사용

A 주어에 알맞은 be동사를 고르세요.

1. I (am) / are / is happy.
2. He am / are / is hungry.
3. They am / are / is tired.
4. You am / are / is great.
5. We am / are / is not hungry.
6. She am / are / is not thirsty.

B 주어의 인칭과 단수, 복수를 확인하고 알맞은 be동사를 고르세요.

1. Tom (is) | are my best friend.
2. Tom and Jack is | are my best friends.
3. My grandpa is | are smart.
4. My grandparents is | are sweet.
5. Those socks is | are new.
6. Nick is | are in the classroom.
7. Many oranges is | are in the basket.
8. Emma is | are at school.
9. The book is | are on the sofa.
10. Jenny and John is | are at home.

• 긍정문의 축약형: 대명사 주어와 be동사를 붙여서 축약
• 부정문의 축약형: be동사와 not을 붙여서 축약 (am not은 축약하지 않아요.)

C 주어진 문장을 축약형으로 고치세요.

1. You <u>are not</u> a dancer. → You __aren't__ a dancer.
2. I am thirsty and hungry. → ________ thirsty and hungry.
3. He is a popular singer. → ________ a popular singer.
4. Winter is not hot. → Winter ________ hot.
5. They are my friends. → ____________ my friends.
6. Flamingoes are not black. → Flamingoes ____________ black.
7. You are a great student. → ________ a great student.
8. I am not tired. → ________ not tired.

D 알맞은 be동사를 골라 문장을 완성하세요.

is isn't are aren't

1. Turtles __aren't__ fast. They __are__ slow.
2. Elephants ________ big. They ________ small.
3. Christmas ________ in May. It ________ in December.
4. Summer ________ hot. It ________ cold.
5. Giraffes ________ short. They ________ tall.
6. An orange ________ long. It ________ round.
7. Babies ________ young. They ________ old.
8. Grandpa ________ old. He ________ young.

- be동사 + 명사 / 형용사: ~이다
- be동사 + at / in 장소 : ~에 있다

E 밑줄 친 be동사의 의미가 어디에 속하는지 고르세요.

1. My desk <u>is</u> very big.	~이다	~에 있다
2. Angela <u>is</u> in the bedroom.	~이다	~에 있다
3. The books <u>are</u> on the desk.	~이다	~에 있다
4. These apples <u>are</u> green.	~이다	~에 있다
5. His backpack <u>isn't</u> very strong.	~이지 않다	~에 있지 않다
6. Jenny and John <u>aren't</u> at the gym.	~이지 않다	~에 있지 않다
7. Mr. Black <u>isn't</u> young.	~이지 않다	~에 있지 않다
8. The cats <u>aren't</u> in the park.	~이지 않다	~에 있지 않다

F Jenny가 자기 소개를 하고 있어요. 말풍선의 빈칸을 채우세요.

1. My name __is__ Jenny.
2. I ____ American.
3. I ____ a student.
4. My brother, John, ____ a student, too.

5. I ____ 11 years old.
6. My favorite color ____ green.
7. My favorite sports ____ soccer and baseball.
8. My mom is a writer, and my dad is a designer. They ____ very nice.

G 문장을 잘 듣고, 보기에서 알맞은 축약형을 고르세요. (T10)

I'm	He's	~~She's~~	It's
We're	They're	isn't	aren't

1. Miss Song is a teacher. She's my music teacher.
2. Mr. Han _______ an English teacher. He's a math teacher.
3. The bag is on the table. _______ Jane's bag.
4. Mike and I are happy together. _______ good friends.
5. Are you from Korea? Yes. _______ from Korea.
6. The girls are my friends. _________ very smart.
7. Jenny and John are at home. They _______ at school.
8. My dad isn't in the living room. _______ in the bedroom.

H 셀로판을 사용하여 숨어 있는 문장을 모두 찾아 쓰세요.

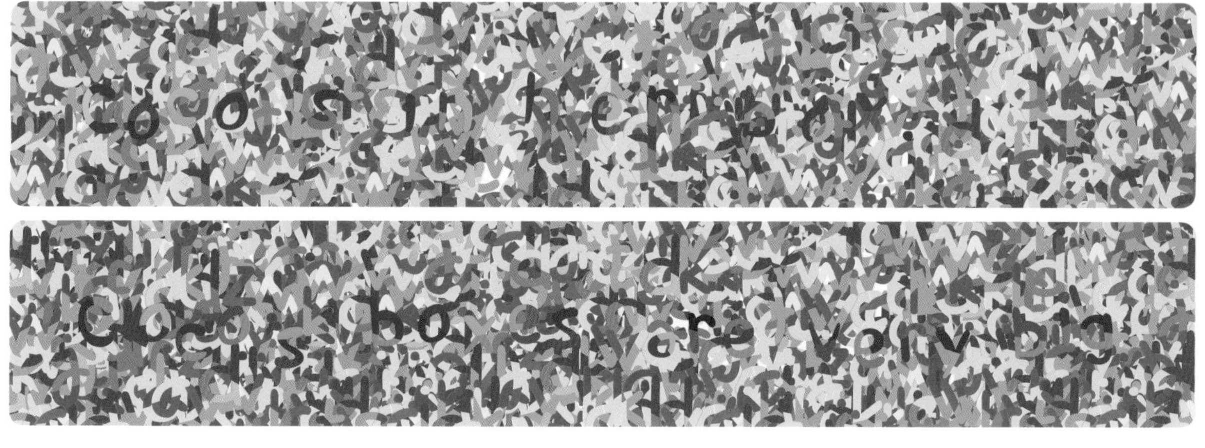

Unit 5

일반동사 have like watch study

Check

- 맞는 문장은 C, 틀린 문장은 I로 표시하세요.

Ms. Han teaches English. ( ) She doesn't teaches math. ( )

Listen and read. T11

I have a lot of books.
John likes science.
John studies stars.

A 일반동사의 의미

일반동사란 be동사, 조동사(can, will 등)를 제외한 동작이나 상태를 나타내는 모든 동사예요.

B 일반동사 현재형의 역할

일반적인 사실, 현재의 상태, 반복적인 일상, 습관 등을 표현해요.

▶ Dogs have four legs. (사실) 개들은 다리가 네 개다.

▶ I feel hungry now. (상태) 나는 지금 배가 고프다.

▶ I get up at 7:00 every day. (일상) 나는 매일 7시에 일어난다.

C 일반동사 현재형의 형태

1. 주어가 1인칭, 2인칭, 복수일 때는 동사원형
 ▶ I / You / We / They like ice cream.

2. 주어가 3인칭 단수일 때는 동사원형 +s / +es
 ▶ He / She / It likes ice cream.

	주어가 I / you / we / they일 때	주어가 he / she / it일 때
대부분의 동사 +s	like, eat, read	likes, eats, reads
-ss, -sh, -ch, -x, -o로 끝난 동사 +es	kiss, wash, watch, mix, go	kisses, washes watches, mixes, goes
자음 +y로 끝난 동사 y를 i로 고치고 +es	study, try	studies, tries
불규칙 동사	have	has

• 모음 +y로 끝난 동사는 +s
 ▶ buys plays

D 일반동사 현재형의 부정문

1. 일반동사 현재형의 부정문 형태

주어	부정문	예문
I / you / we / they (1, 2인칭, 복수)	주어 + do not + 동사원형	I do not like carrots.
he / she / it (3인칭 단수)	주어 + does not + 동사원형	He does not like carrots.

2. 일반동사 현재형의 부정문 의미: ~아니다, ~하지 않는다

3. 일반동사 현재형의 부정문 축약형: do not = don't / does not = doesn't

Exercises

- 일반동사 현재형의 형태
  주어가 1인칭, 2인칭, 복수일 때: 동사원형
  주어가 3인칭 단수일 때 : 동사원형 +s / +es

A 빈칸에 들어갈 동사의 형태로 알맞은 것을 골라 쓰세요.

1. I __eat__ breakfast every day.
   eat eats
2. He ____ lunch every day.
   eat eats
3. She ________ TV at night.
   watch watches
4. We ________ TV in the evening.
   watch watches
5. The kids _______ math.
   study studies
6. The kid ________ science.
   study studies
7. Ted and Bill _______ many toys.
   have has
8. Ted _______ a red bike.
   have has

- 일반동사 현재형의 부정문 축약형: *do not = don't / does not = doesn't*

B 부정문의 축약형을 사용하여 부정문을 완성하세요.

1. My friends and I <u>do not</u> drink coffee.
   ↓
   My friends and I __don't__ drink coffee. We drink milk.

2. Kevin and Jake <u>do not</u> speak Spanish.
   ↓
   Kevin and Jake _______ speak Spanish. They speak English.

3. Grandpa <u>does not</u> like oranges.
   ↓
   Grandpa _______ like oranges. He likes orange juice.

4. Tim <u>does not</u> go to the park in the evening.
   ↓
   Tim _______ go to the park in the evening. He goes there in the morning.

• 일반동사 현재형의 부정문 형태
주어가 1인칭, 2인칭, 복수일 때: 주어 + *do not* + 동사원형
주어가 3인칭 단수일 때 : 주어 + *does not* + 동사원형

C 긍정문을 부정문으로 고쳐 빈칸을 알맞게 채워 보세요.

1. Adam likes apples. Adam doesn't like bananas.
2. Eve likes apples. Eve ________ bananas.
3. Adam and Eve like apples. Adam and Eve ________ bananas.
4. I study math every night. I ________ music every night.
5. Bill reads a book every day. Bill ________ a magazine every day.
6. We play soccer together. We ________ baseball together.
7. Mrs. Park teaches science. Mrs. Park ________ English.
8. Mr. Lee kisses his child. Mr. Lee ________ his dog.

D 부정문을 긍정문으로 고쳐 빈칸을 알맞게 채워 보세요.

1. Steve doesn't eat rice for breakfast. Steve eats bread.
2. They don't eat cereal for dinner. They ________ cereal for breakfast.
3. Yoko doesn't speak Chinese. Yoko ________ Japanese.
4. The doctor doesn't have a dog. The doctor ________ a cat.
5. My brothers don't study math. My brothers ________ music.
6. Grandma doesn't play the piano. Grandma ________ the violin.
7. Mom doesn't bake cookies. Mom ________ cake.
8. The baby doesn't cry at night. The baby ________ in the morning.

• 일반동사 현재형의 형태
주어가 1인칭, 2인칭, 복수일 때: 동사원형
주어가 3인칭 단수일 때 : 동사원형 +s / +es

E 문장에서 틀린 부분을 찾아 바르게 고치세요.

1. She ~~have~~ long beautiful hair.
   has
2. I goes to school at 8:30.
3. My brother study math.
4. Minsu go to the park.
5. Grandpa don't drink coffee.
6. Grandma doesn't drinks coffee.
7. They doesn't drink coffee.
8. My friend don't speak French.
9. Birds has wings.
10. A rabbit doesn't has a long tail.

F 사진을 보고, 알맞은 동사를 찾아 고쳐 문장을 완성하세요.

1. 
   She __brushes__ her teeth.
2. 
   She ___________ her hands.
3. 
   They ___________ a red car.
4. 
   They ___________ at school.
5. 
   He ___________ his homework.
6. 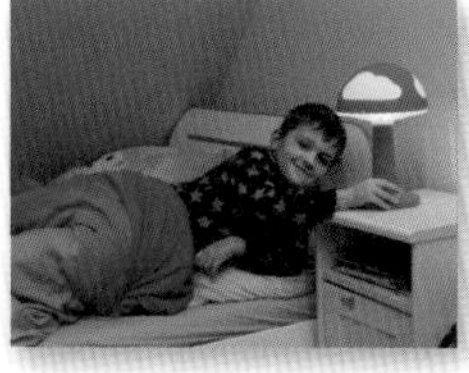
   He ___________ to bed early.

do go ~~brush~~ wash study have

G 문장을 잘 듣고, 들리는 문장을 고르세요. (T12)

1. a. He studies English. b. They study English.
2. a. The girl goes to church. b. The girls go to church.
3. a. The boy brushes his teeth. b. The boys brush their teeth.
4. a. Amy likes bananas. b. Amy and I like bananas.
5. a. We like cookies. b. We don't like cookies.
6. a. Jack plays soccer. b. Jack doesn't play soccer.
7. a. Dad kisses his child. b. Dad doesn't kiss his child.
8. a. Ted does his homework. b. Ted doesn't do his homework.

H 셀로판을 사용하여 숨어 있는 부정문을 모두 찾아 쓰세요.

Unit 6

의문문 Are you ~? Do you ~?

Check

● 맞는 문장은 C, 틀린 문장은 I로 표시하세요.

Is he happy? ( )　　Do he loves her? ( )

Listen and read. (T13)

A be동사 의문문

1. 문장의 순서

- be동사 + 주어 ~?

Tom is happy. (평서문)

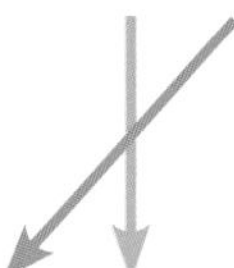

Is Tom happy? (의문문)

Tom and Tina are happy. (평서문)

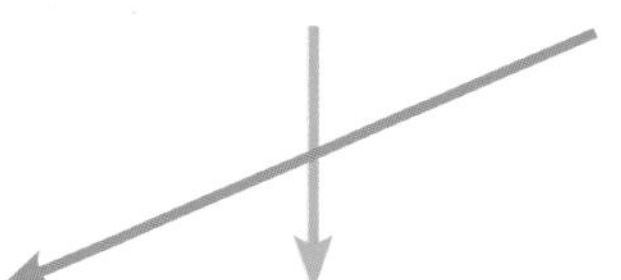

Are Tom and Tina happy? (의문문)

2. 짧은 대답

- Yes, 대명사 주어 + be동사. No, 대명사 주어 + be동사.

Is Tom happy?
↓
긍정: Yes, he is.

Is Tom happy?
↓
부정: No, he is not.
No, he's not.
No, he isn't.

Tip
- Yes로 짧게 답할 때는 주어와 be동사를 축약하지 않아요.
  ▶ Yes, I'm.(X) Yes, you're.(X) Yes, he's.(X) Yes, she's.(X) Yes, it's.(X) Yes, we're.(X) Yes, they're.(X)
- No로 답할 때는 be동사를 축약할 수 있어요.

- 답에서 주어는 대명사로 써야해요.

B 일반동사 의문문

1. 문장의 순서

- Do / Does + 주어 + 동사원형 ~?

They like apples. (평서문)
↓ ↓
Do they like apples? (의문문)

He likes apples. (평서문)
↓ ↓
Does he like~~s~~ apples? (의문문)

- 주어가 3인칭 단수(he / she / it)일 때: Does + 주어 + 동사원형 ~?
  ▶ Does he like~~s~~ apples?

2. 짧은 대답

- Yes, 대명사 주어 + do / does. No, 대명사 주어 + don't / doesn't.

긍정			부정		
Yes,	주어	do / does.	No,	주어	don't / doesn't.
Yes,	I / you / we / they	do.	No,	I / you / we / they	don't.
	he / she / it	does.		he / she / it	doesn't.

Exercises

- be동사 평서문의 어순: 주어 + be동사
- be동사 의문문의 어순: be동사 + 주어?

A 평서문을 의문문으로 바꾸세요.

1. You are Korean.
   Are you Korean?

2. She is a singer.
   ______ ______ a singer?

3. The trees are tall.
   ______ __________ tall?

4. The book is interesting.
   ______ __________ interesting?

5. Linda is at home.
   ______ ______ at home?

6. They are at school.
   ______ ______ at school?

- be동사 의문문의 짧은 대답:
  대답의 주어는 대명사를 사용하고, 긍정문에서는 축약형을 사용하지 않음

B 주어진 의문문에 알맞게 대답을 완성하세요.

1. A: Is Mr. Kim your teacher?
   B: Yes, he is.

2. A: Is Miss Lee a math teacher?
   B: ______, she's ______.

3. A: Are you thirsty? (1명)
   B: No, ______ ______.

4. A: Is the baby hungry?
   B: No, he ______ ______.

5. A: Is Mary in the park?
   B: Yes, ______ ______.

6. A: Are they in the store?
   B: No, ______ ______.

- 일반동사 평서문의 어순: 주어 + 동사
- 일반동사 의문문의 어순: Do / Does + 주어 + 동사원형?

C 평서문을 의문문으로 바꾸세요.

1. You like baseball. → Do you like baseball?
2. He likes soccer. → ______ ______ soccer?
3. It snows in winter. → ______ ______ in winter?
4. Ms. Han cooks well. → ______ ______ well?
5. They eat lunch. → ______ ______ lunch?
6. You sing together. → ______ ______ together?

D 다음 중 알맞은 것을 골라 의문문을 완성하세요.

1.	Is	Are	(Does)	Do	Ben live in England?	Yes, he does.
2.	Is	Are	Does	Do	Ben thirsty?	No, he isn't.
3.	Is	Are	Does	Do	your dad drink coffee?	Yes, he does.
4.	Is	Are	Does	Do	your mom tired?	No, she isn't.
5.	Is	Are	Does	Do	the children happy?	No, they aren't.
6.	Is	Are	Does	Do	her dad tall?	Yes, he is.
7.	Is	Are	Does	Do	their son go to school?	Yes, he does.
8.	Is	Are	Does	Do	their sons go to school?	No, they don't.

• 일반동사 의문문의 짧은 대답: 주어는 대명사 사용
Yes, 주어 + do / does. No, 주어 + don't / doesn't.

E 대화에서 틀린 부분을 찾아 고치세요.

1. A: ~~Do~~ Are you a student?
   B: Yes, I am.
2. A: Is your father an artist?
   B: Yes, he's.
3. A: Is Mike American?
   B: No, he doesn't.
4. A: Are your friends kind?
   B: Yes, we are.
5. A: Do your father speak English?
   B: Yes, he does.
6. A: Do his parents watch TV?
   B: No, they aren't.
7. A: Does Anna play tennis?
   B: Yes, Anna does.
8. A: Do Harry have a bike?
   B: No, he doesn't.

F 사진을 보고, 의문문에 알맞은 대답이 되도록 연결하세요.

1. Are you angry? •
2. Am I late? •
3. Do you like sports? •
4. Do the children want cake? •

• ⓐ No, you are not.
• ⓑ Yes, they do.
• ⓒ Yes, we do.
• ⓓ No, I'm not.

G 질문을 잘 듣고, 알맞은 대답을 고르세요. (T14)

1. a. Yes, I do.
   b. Yes, I am.
   c. No, they aren't.

2. a. No, she isn't.
   b. No, he doesn't.
   c. No, he's not.

3. a. Yes, she runs.
   b. No, he doesn't.
   c. No, they run fast.

4. a. Yes, he has a bike.
   b. No, she doesn't.
   c. Yes, he does.

5. a. Yes, they do.
   b. Yes, he is.
   c. Yes, they are.

6. a. Yes, he does.
   b. Yes, I do.
   c. No, I'm not.

H 셀로판을 사용하여 물음표에 숨어 있는 의문문을 모두 찾아 쓰세요.

Review 2

A be동사 구문에 대한 문장을 읽고 맞으면 C, 틀리면 I를 선택하세요.

1. be동사 현재형에는 am, are, is가 있어요. C I
2. be동사는 주어에 맞추어 사용해야 해요. C I
3. be동사 부정문은 be동사 앞에 not를 붙여요. C I
4. are not은 aren't, is not은 isn't로 축약하지만, am not은 축약하지 않아요. C I
5. be동사는 대명사 주어와 축약해서 I'm, you're, he's, we're, they're로 사용할 수 있어요. C I

B 일반동사 구문에 대한 문장을 읽고 맞으면 C, 틀리면 I를 선택하세요.

1. 일반동사란 be동사, 조동사를 제외한 동작이나 상태를 나타내는 모든 동사예요. C I
2. 일반동사 현재형은 일반적인 사실, 현재의 상태, 반복적인 일상, 습관 등을 표현해요. C I
3. 일반동사 형태는 주어가 단수일 경우, 모두 동사원형에 -s또는 -es를 붙여요. C I
4. 일반동사 현재시제 부정문은 주어가 I, you, we, they인 경우, don't를 동사 앞에 붙여요. C I
5. 일반동사 현재시제 부정문은 주어가 he, she, it인 경우, doesn't를 동사 앞에 붙여요. C I

C Yes / No 의문문에 대한 문장을 읽고 맞으면 C, 틀리면 I를 선택하세요.

1. be동사 의문문의 어순은 'be동사 + 주어 ~?'예요. C I
2. 일반동사 의문문의 어순은 'Do / Does + 주어 + 동사원형 ~?'이에요. C I
3. Yes / No 의문문에서 대답의 주어는 대명사로 해요. C I
4. be동사를 사용한 짧은 긍정 대답에서는 be동사를 꼭 축약해야 해요. C I
5. 일반동사의 의문문을 만들 때 주어가 3인칭 단수일 경우, Does로 의문문을 시작해야 해요. C I

• be동사 am, are, is는 주어에 맞추어 사용

D 다음 빈칸에 알맞은 be동사를 넣으세요.

1. He ______ my brother.
2. I ______ 11 years old.
3. They ______ giraffes.
4. He and I ______ friends.
5. My teacher ______ at school.
6. This bag ______ mine.
7. I ______ not thirsty.
8. The trees ______ big.
9. Jenny ______ my sister.
10. You ______ very nice.

• be동사는 축약할 수 있음
• be동사의 부정문: be동사 + not

E 빈칸에 축약형을 넣어 표를 완성하세요.

긍정	부정		긍정	부정	
I'm	1.	X	we're	6.	we aren't
you're	2.	you aren't	you're	you're not	7.
3.	he's not	he isn't			
she's	she's not	4.	8.	they're not	they aren't
5.	it's not	it isn't			

셀로판을 사용하여 우리말에 알맞은 영어 문장을 세 번씩 말해 보세요.

1. 저는 미국 출신이에요. I am from America.

2. 그는 한국 출신이에요. He is from Korea.

3. 우리는 인도 출신이에요. We are from India.

• 주어가 3인칭 단수일 때 일반동사 현재형 만들기
① 대부분의 동사 +s ② -ss, -sh, -ch, -x, -o로 끝난 동사 +es
③ 자음 +y로 끝난 동사는 y를 i로 고치고 +es ④ 불규칙 동사 have-has

F 주어가 3인칭 단수일 때, 알맞은 형태로 고치세요.

1. 대부분의 동사 +s	2. -ss, -sh, -ch, -x, -o로 끝난 동사 +es	3. 자음+y로 끝난 동사 y를 i로 고치고 +es	4. 불규칙 동사

study watch brush drink buy have try like

• 일반동사의 부정문: *don't* / *doesn't* + 동사원형

G 긍정문은 부정문으로, 부정문은 긍정문으로 바꿀 때, 빈칸에 알맞은 말을 쓰세요.

긍정문		부정문
1. He likes strawberries.	↔	He ______ ______ strawberries.
2. They brush their teeth.	↔	They ______ ______ their teeth.
3. She ________ the dishes.	↔	She doesn't wash the dishes.
4. He goes to school at 8:00.	↔	He ______ ______ to school at 8:00.
5. We ________ together.	↔	We don't study together.
6. The baby ________ at night.	↔	The baby doesn't cry at night.

셀로판을 사용하여 우리말에 알맞은 영어 문장을 세 번씩 말해 보세요.

1. 저는 책을 많이 가지고 있어요. I have a lot of books.
2. John은 과학을 좋아해요. John likes science.
3. John은 별을 공부해요. John studies stars.

- be동사의 의문문 어순 : be동사 + 주어 ~?
- 일반동사 의문문의 어순: Do / Does + 주어 + 동사원형?

H 맞는 문장은 C, 틀린 문장은 I로 표시하고, 틀린 문장은 고쳐 쓰세요.

1. Do you are tired?
2. Are the boys smart?
3. Are his hands big?
4. Like you ice cream?
5. Do he love her?
6. Does she loves him?

- 의문문에 대답을 할 때 주어는 대명사를 사용

I 의문문에 대한 대답을 완성하세요.

1. Are you sleepy?
   Yes, ______ am.
2. Am I wrong?
   No, ______ are not.
3. Is Anna at home?
   Yes, ______ is.
4. Are you and Tom friends?
   Yes, ______ are.
5. Do your parents love you?
   Yes, ______ do.
6. Does Mary love music?
   No, ______ doesn't.

셀로판을 사용하여 우리말에 알맞은 영어 문장을 세 번씩 말해 보세요.

1. 당신은 행복하세요? Are you happy?
2. 당신은 축구를 하세요? Do you play soccer?
3. 그녀는 야구를 하나요? Does she play baseball?

신나는 힙합 챈트를 들어보면서 배운 문법 내용을 연습해 보세요! T15

Unit 7

관사 a an the

Check

- 다음 중 알맞은 관사를 고르세요.

There is (a / an / the) bag. (A / An / The) bag is mine.

Listen and read. T16

Coco wants a new box.
I need an umbrella.
The umbrella is mine!

A 관사의 종류와 의미

1. 부정관사 a, an: 하나

특별히 정해지지 않은 셀 수 있는 단수명사와 함께 사용해요.

▶ There is a car on the street. 길에 차가 한 대 있다. (숫자 1을 의미)

▶ This is a car. 이것은 자동차이다. (막연한 하나를 의미)

2. 정관사 the: 그

앞에서 언급된 단어가 반복될 때 사용해요.

▶ There is a book on the table. The book is mine.

책상 위에 책이 한 권 있다. 그 책은 나의 것이다.

B 부정관사 a, an의 역할

1. 셀 수 있는 단수명사 앞에만 사용해요.

▶ a toy, an elephant

2. 발음이 자음으로 시작할 때: a

▶ a car, a pen

발음이 모음(a, e, i, o, u)으로 시작할 때: an

▶ an apple, an egg, an iguana, an umbrella, an uncle

- an honest boy
  honest의 h는 소리가 나지 않아 모음 소리로 시작돼요.
- a university
  university의 u는 /j/의 소리가 있어서 자음으로 시작된 단어로 생각해야 돼요.

C 정관사 the의 역할

1. 셀 수 있는 명사(단수, 복수), 셀 수 없는 명사 앞에서 모두 사용해요.

▶ The blue bag is mine. 그 파란 가방은 나의 것이다.
(셀 수 있는 명사: 단수명사)

▶ The red shoes are mine. 그 빨간 신발은 나의 것이다.
(셀 수 있는 명사: 복수명사)

▶ The water is cold. 그 물은 차갑다.
(셀 수 없는 명사)

2. 말하는 사람과 듣는 사람이 서로 이미 알고 있는 것을 말할 때 사용해요.

▶ Open the door. 문을 열어라.

▶ He's in the kitchen. 그는 부엌에 있다.

3. 유일한 천체 앞에서 사용해요.

▶ the sun 태양, the moon 달, the Earth 지구

4. 악기 앞에서 사용해요.

▶ play the piano 피아노를 연주하다

▶ play the violin 바이올린을 연주하다

the는 모음 앞에서 [ði]'디'라고 발음해요.

Exercises

- 부정관사: 셀 수 있는 단수명사 앞에서 사용
- a는 발음이 자음으로 시작할 때, an은 발음이 모음으로 시작할 때 사용

A 부정관사 a, an 중 알맞은 것을 쓰세요. 필요하지 않으면 X표 하세요.

1. There is an elephant at the zoo.
2. I want egg.
3. I want eggs.
4. He wants cookies.
5. He wants cookie.
6. John is smart student.
7. Jane is honest student.
8. My sister is high school student.
9. My brother is university student.
10. My mom drinks coffee.

- a는 발음이 자음으로 시작할 때, an은 발음이 모음으로 시작할 때 사용
- the는 유일한 천체 앞에서 사용

B a, an, the 중 어느 것과 함께 사용되는지 아래의 단어들을 정리해보세요.

a	an	the
computer		

~~computer~~ bike sun apple moon banana orange
carrot airplane Earth university aunt uncle

• 부정관사: '하나'라는 의미로 특별히 정해지지 않은 단수명사와 함께 사용
• 정관사: 앞에서 언급된 단어가 반복될 때 사용, 유일한 천체, 악기 앞에 사용

C a, an, the 중 알맞은 것을 고르세요.

1. Jennifer takes (a / an / the) bus to school every day.
2. Mary has (a / an / the) pen. (A / An / The) pen is blue.
3. Mike shows a pair of sneakers. (A / An / The) sneakers are new.
4. (A / An / The) pretty girl rides (a / an / the) bike in front of my house.
5. Is it (a / an / the) sun or (a / an / the) moon?
6. Ann is wearing (a / an / the) red dress. She likes (a / an / the) dress.
7. Kenji plays (a / an / the) piano, and Jason plays (a / an / the) guitar.
8. A: Where is Susan?
   B: She is in (a / an / the) living room.
9. A: Where is (a / an / the) subway station?
   B: Go straight.
10. A: (A / An / The) sky is blue. (A / An / The) sun is hot.
    B: Yes. It is (a / an / the) wonderful summer day.

D 문장을 잘 듣고, a, an, the 중 들리는 것을 표시하세요. T17

1. a an the
2. a an the
3. a an the
4. a an the
5. a an the
6. a an the
7. a an the
8. a an the
9. a an the
10. a an the

Unit 8

지시대명사 this that

Check

- 다음 중 알맞은 표현을 모두 고르세요.

this shirt   these sneakers   that glasses   those dolls

Listen and read. T18

That is John's shirt.
Those are John's pants.
This is my sweater.

A 지시대명사의 종류

지시대명사는 사람, 사물을 대신 가리킬 때 사용해요.

단수		복수	
this	이 사람, 이것	these	이 사람들, 이것들
that	저 사람, 저것	those	저 사람들, 저것들

▶ This is my dad. He is a cook. 이분은 우리 아빠이시다. 그는 요리사이시다.

▶ That is his bag. It is new. 저것은 그의 가방이다. 그것은 새 것이다.

▶ These are Jenny's gloves. Those are John's caps.
이것들은 Jenny의 장갑이다. 저것들은 John의 모자들이다.

B 지시대명사의 의미와 역할

1. this(이 사람, 이것) / these(이 사람들, 이것들)

가까운 곳에 있는 사람, 사물을 가리킬 때 사용해요.

▶ This is my mom. 이분은 우리 엄마이시다.

▶ This is my sweater. 이것은 나의 스웨터이다.

▶ These are my sisters. 이 아이들은 나의 여동생들이다.

▶ These are my sneakers. 이것들은 내 운동화이다.

2. that(저 사람, 저것) / those(저 사람들, 저것들)

조금 떨어진 곳에 있는 사람, 사물을 가리킬 때 사용해요.

▶ That is my brother. 저 아이는 나의 남동생이다.

▶ That is his shirt. 저것은 그의 셔츠이다.

▶ Those are her friends. 저 사람들은 그녀의 친구들이다.

▶ Those are your shoes. 저것들은 너의 신발이다.

• that is = that's로 축약할 수 있어요. this is는 축약해서 발음하는 경우는 있지만, this's라고 축약하지는 않아요.

C 지시형용사

this, that, these, those는 명사를 꾸며주는 지시형용사로도 사용해요.

▶ This is a book. (지시대명사) → This book is mine. (지시형용사)

▶ That is a pen. (지시대명사) → That pen is yours. (지시형용사)

▶ These are his dogs. (지시대명사) → These dogs are cute. (지시형용사)

▶ Those are her cups. (지시대명사) → Those cups are red. (지시형용사)

Exercises

- 단수: this(이 사람, 이것) – that(저 사람, 저것)
- 복수: these(이 사람들, 이것들) – those(저 사람들, 저것들)

A 주어진 문장을 복수형으로 바꿀 때 알맞은 것을 고르세요.

		a.	b.
1.	This is a dish.	a. These are dishes.	b. Those are dishes.
2.	That is a zebra.	a. These are zebras.	b. Those are zebras.
3.	This is my desk.	a. That is my desk.	b. These are my desks.
4.	That is a can.	a. Those are cans.	b. These are cans.
5.	This is a red fox.	a. Those are red foxes.	b. These are red foxes.
6.	That is an old knife.	a. This is an old knife.	b. Those are old knives.
7.	This is his hat.	a. These are his hats.	b. Those are his hats.
8.	That is the city.	a. These are the cities.	b. Those are the cities.

B 단수형은 복수형으로, 복수형은 단수형으로 고치세요.

1. that box → those boxes
2. this country →
3. these dogs →
4. those benches →
5. this tomato →
6. that butterfly →
7. this leaf →
8. these oranges →
9. those scarves →

• this, that, these, those는 명사 앞에서 지시형용사로 사용

C this와 that, these와 those의 쓰임을 구분해 보세요.

1. This lady is my aunt. 지시대명사 (지시형용사)
2. This is my aunt. 지시대명사 지시형용사
3. That is my music teacher. 지시대명사 지시형용사
4. That man is my music teacher. 지시대명사 지시형용사
5. This book is interesting. 지시대명사 지시형용사
6. This is an interesting book. 지시대명사 지시형용사
7. That shirt isn't mine. 지시대명사 지시형용사
8. That is not my shirt. 지시대명사 지시형용사

D 문장을 읽고, 우리말 해석으로 알맞은 것과 연결하세요.

1. This flower is beautiful. • • a. 이것은 동그란 안경이다.
2. This is a beautiful flower. • • b. 저 건물은 높다.
3. That is a tall building. • • c. 저것은 높은 건물이다.
4. That building is tall. • • d. 저분들은 친절한 숙녀들이다.
5. Those are kind ladies. • • e. 이 꽃은 아름답다.
6. Those ladies are kind. • • f. 이 안경은 동그랗다.
7. These glasses are round. • • g. 저 숙녀들은 친절하다.
8. These are round glasses. • • h. 이것은 아름다운 꽃이다.

E 같은 뜻이 되도록 알맞은 문장을 고르세요.

1. This is a yellow bus.

   a. This bus is yellow.   b. These buses are yellow.

2. That is my skirt.

   a. Those skirts are mine.   b. That skirt is mine.

3. That is an old house.

   a. That house is old.   b. This house is old.

4. These pencils are mine.

   a. Those are my pencils.   b. These are my pencils.

5. Those boys are kind.

   a. Those are kind boys.   b. That is a kind boy.

- **this, these**: 가까운 곳에 있는 사람, 사물
- **that, those**: 조금 떨어진 곳에 있는 사람, 사물

F 사진을 보고, this, that, these, those 중에 알맞은 것을 쓰세요.

1. __This__ is my picture.

2. Look at ______ penguins!

3. ______ are my dogs.

4. ______ house is very big.

G 문장을 잘 듣고, 들리는 단어를 고르세요. (T19)

1. this that these those
2. this that these those
3. this that these those
4. this that these those
5. this that these those
6. this that these those
7. this that these those
8. this that these those
9. this that these those
10. this that these those

H 셀로판을 사용하여 지시대명사가 쓰인 문장을 모두 찾아 쓰세요.

Unit 9

유도부사 There + be동사

Check

● 맞는 문장은 C, 틀린 문장은 I로 표시하세요.

There is a car on the street. ( ) There is many cars on the street. ( )

Listen and read. T20

There is a clock on the wall.
There is a cat under the table.
There are five chairs in the kitchen.

A 유도부사 구문

(어디)에 (무엇)이 있다.

There이 앞에서 문장을 유도한다고 해서 '유도부사 there'이라고 해요.
이 때 'there'은 따로 해석하지 않아요.

▶ There is a bench at the park. 공원에 벤치가 한 개 있다.

▶ There are many trees at the park. 공원에 나무가 많이 있다.

Tip
• 유도부사 구문의 축약형
There is = There's
There are = There're

B 유도부사 평서문 어순

There + be동사 + 주어 + 장소 : (어디)에 (무엇)이 있다.

1. 주어가 단수일 때: There is ~

   There is a flower in the vase.
   꽃병에 꽃이 한 송이 있다.

2. 주어가 복수일 때: There are ~

   There are flowers in the vase.
   꽃병에 꽃들이 있다.

C 유도부사 부정문 어순

There + be동사 + not + 주어 + 장소 : (어디)에 (무엇)이 없다.

There is not a flower in the vase.
꽃병에 꽃이 없다.

There are not flowers in the vase.
꽃병에 꽃들이 없다.

D 유도부사 의문문 어순과 대답

be동사 + there + 주어 + 장소 ? : (어디)에 (무엇)이 있나요?

Is there any milk in the refrigerator?
Yes, there is.

Are there any oranges in the refrigerator?
Yes, there are.

Is there any chicken in the refrigerator?
No, there isn't.

Are there any cookies in the refrigerator?
No, there aren't.

Exercises

- 유도부사 평서문 There + be동사 + 주어 + 장소: (어디)에 (무엇)이 있다.
- There is + 단수 주어　There are + 복수 주어

A 주어에 밑줄을 긋고, 유도부사 구문의 알맞은 동사를 고르세요.

1. There (is / are) <u>some books</u> on the desk.

2. There (is / are) an old book on my desk.
3. There (is / are) a little house on the hill.
4. There (is / are) a tall tree by the house.
5. There (is / are) green socks on the bed.
6. There (is / are) a blue shirt on the sofa.
7. There (is / are) colorful shoes at the store.
8. There (is / are) glasses on the table.

• 유도부사 부정문 There + be동사 + not + 주어 + 장소: (어디)에 (무엇)이 없다.

B 주어를 골라 표시하고, 긍정문을 부정문으로 바꾸세요.

1. There is a huge lion at the zoo.
   There is not a huge lion at the zoo.
2. There are many people at the station.
3. There is a school bus on the street.
4. There are 100 students in the library.
5. There is fresh bread at the bakery.

• 유도부사 의문문 be동사 + there + 주어 + 장소: (어디)에 (무엇)이 있나요?

C 주어진 단어를 이용하여 의문문을 완성하세요.

1. Are / many children / in the classroom? / there
   Are there many children in the classroom?
2. there / at the theater? / good movies / Are
3. a big goose / on the farm? / Is / there
4. in your class? / Are / brave students / there
5. there / Is / in the living room? / a comfortable sofa

D 다음을 연결하여 문장을 완성하세요.

1. There are •　　　• a. water in the refrigerator.
2. There •　　　• b. a new student in your class?
3. There is cold •　　　• c. orange on the big table.
4. Is there •　　　• d. interesting movies at the theater?
5. Are there •　　　• e. five little monkeys in the tree.
6. There is an •　　　• f. are not many good books at that bookstore.

• 유도부사 의문문의 대답: Yes, there is / are.　No, there isn't / aren't.

E 사진을 보고, 질문에 알맞은 대답을 쓰세요.

1.

A: Is there any bread in the basket?

B: Yes, there is.

2.

A: Are there any girls under the table?

B: ____________________

3.

A: Is there any water in the glass?

B: ____________________

4.

A: Are there any sandwiches on the plate?

B: ____________________

F 문장을 잘 듣고, 설명하고 있는 그림에 번호를 쓰세요. T21

G 셀로판을 사용하여 주어진 구문이 몇 개 있는지 찾아 숫자를 쓰세요.

1. There is
2. There isn't
3. Is there~?
4. There are
5. There aren't
6. Are there~?

Review 3

A 관사에 대한 문장을 읽고 맞으면 C, 틀리면 I를 선택하세요.

1. 관사에는 부정관사와 정관사가 있어요. C I
2. 부정관사 a와 an은 셀 수 있는 명사 앞에 사용해요. C I
3. 발음이 모음으로 시작하는 명사 앞에는 an을 사용해요. C I
4. 정관사 the는 운동경기 앞에 사용해요. C I
5. 정관사 the는 단수, 복수, 셀 수 있는 명사, 셀 수 없는 명사와 모두 사용 가능해요. C I

B 지시대명사에 대한 문장을 읽고 맞으면 C, 틀리면 I를 선택하세요.

1. this is의 축약형은 this's, that is의 축약형은 that's로 사용해요. C I
2. this, these는 가까운 사람, 사물을 가리킬 때 사용해요. C I
3. that, those는 떨어져 있는 사람, 사물을 가리킬 때 사용해요. C I
4. this, that, these, those는 오직 사물을 대신 가리킬 때만 사용해요. C I
5. this, that, these, those는 명사를 꾸며주는 지시형용사로도 사용할 수 있어요. C I

C 유도부사에 대한 문장을 읽고 맞으면 C, 틀리면 I를 선택하세요.

1. 유도부사 there은 따로 해석하지 않아요. C I
2. 유도부사 의문문의 어순은 'be동사 + there + 주어 + 장소?'예요. C I
3. 유도부사 부정문의 어순은 'There + not + be동사 + 주어 + 장소'예요. C I
4. 유도부사의 축약형은 there is = there's / there are = there're 를 사용해요. C I
5. '(어디)에 (무엇)이 있다.'라는 구문은 'There + be동사 + 주어 + 장소'로 나타낼 수 있어요. C I

- 부정관사: 셀 수 있는 단수명사 앞에서 사용
- a는 발음이 자음으로 시작할 때, an은 발음이 모음으로 시작할 때 사용

D 문장에서 틀린 부분을 찾아 표시하고, 바르게 고치세요.

1. I want a pencil, a ruler, and a eraser. →
2. I have uncle. He is an artist. →
3. Mr. Lee drinks a juice in the morning. →
4. His sister is an university student. →
5. She doesn't wear an uniform. →
6. Jennifer eats a bread for breakfast. →

- 정관사: 앞에서 언급된 단어가 반복될 때 사용, 유일한 천체, 악기 앞에 사용

E 정관사 the가 사용된 이유를 고르세요.

1. The Earth is round. a. 앞에 나온 단어 반복 b. 유일한 천체 c. 악기
2. The sun is hot. a. 앞에 나온 단어 반복 b. 유일한 천체 c. 악기
3. There's a car. The car is fast. a. 앞에 나온 단어 반복 b. 유일한 천체 c. 악기
4. I can play the piano. a. 앞에 나온 단어 반복 b. 유일한 천체 c. 악기
5. I have a dog. I like the dog. a. 앞에 나온 단어 반복 b. 유일한 천체 c. 악기
6. He can play the violin. a. 앞에 나온 단어 반복 b. 유일한 천체 c. 악기

셀로판을 사용하여 우리말에 알맞은 영어 문장을 세 번씩 말해 보세요.

1. Coco는 새 상자를 원해요. Coco wants a new box.
2. 저는 우산이 필요해요. I need an umbrella.
3. 그 우산은 저의 것이에요. The umbrella is mine.

- **this, these**: 가까운 곳에 있는 사람, 사물
- **that, those**: 조금 떨어진 곳에 있는 사람, 사물

F 알맞은 지시대명사를 고른 후, 문장의 뜻을 찾아 연결하세요.

1. This | These are my socks. • • a. 이분은 나의 아빠이시다.
2. This | These is my new bag. • • b. 이것들은 나의 양말이다.
3. That | Those is his teacher. • • c. 이것은 나의 새 가방이다.
4. That | Those are Mary's shoes. • • d. 저것들은 Mary의 구두이다.
5. This | These is my dad. • • e. 저분은 그의 선생님이다.
6. That | Those is their desk. • • f. 저것은 그들의 책상이다.

- **this, that, these, those**는 명사 앞에서 지시형용사로 사용

G 지시형용사가 있는 문장을 모두 고르세요.

1. This is my favorite shirt.
2. That jacket is old.
3. This shirt is new.
4. That is his old jacket.
5. This is their house.
6. Those blue jeans are mine.
7. This house is big.
8. Those are my blue jeans.

셀로판을 사용하여 우리말에 알맞은 영어 문장을 세 번씩 말해 보세요.

1. 이것은 저의 스웨터예요. This is my sweater.

2. 저것은 John의 셔츠예요. That is John's shirt.

3. 저것들은 John의 바지예요. Those are John's pants.

- 유도부사 평서문 There + be동사 + 주어 + 장소 : (어디)에 (무엇)이 있다.
- 유도부사 부정문 There + be동사 + not + 주어 + 장소: (어디)에 (무엇)이 없다.
- 유도부사 의문문 be동사 + there + 주어 + 장소? : (어디)에 (무엇)이 있나요?

H 긍정문은 부정문으로, 부정문은 긍정문으로 바꾸세요.

1. There is a big tree in the garden.
   → ____________________
2. There are many children at the park.
   → ____________________
3. There are not many leaves on the street.
   → ____________________
4. There is not an orange on the table.
   → ____________________

I 다음을 연결하여 문장을 완성하세요.

1. Is there •
2. Are there •
3. There is not •
4. There are not •

- • a. many apples at the store?
- • b. a horse on the farm.
- • c. a woman at the bank?
- • d. many flowers in the vase.

셀로판을 사용하여 우리말에 알맞은 영어 문장을 세 번씩 말해 보세요.

1. 벽에 시계가 하나 있어요. There is a clock on the wall.

2. 탁자 아래 고양이가 한 마리 있어요.
   There is a cat under the table.

3. 부엌에 의자가 다섯 개 있어요.
   There are five chairs in the kitchen.

신나는 힙합 챈트를 들어보면서 배운 문법 내용을 연습해 보세요! T22

Unit 10

형용사 pretty happy big

Check

● 다음 문장에서 명사는 □, 형용사는 ○ 하세요.

That is a new house.   Mrs. Han is a kind teacher.

Listen and read. (T23)

My sister is a pretty girl.
My dad is tall.
My mom is kind.

A 형용사의 의미와 종류

형용사는 사람이나 사물의 성질, 상태, 크기, 색깔 등을 나타내요.

성질	상태	크기	색깔
kind	happy	tall	red
smart	sad	big	green
shy	hungry	long	blue
honest	thirsty	little	yellow
brave	surprised	small	white

B 형용사의 역할

1. 명사 수식: 형용사 + 명사
주로 명사 앞에서 명사를 꾸며주어, 그 명사에 대해 자세한 정보를 주는 역할을 해요.

(형용사) (명사)
▶ This is an interesting book. 이것은 재미있는 책이다.

• something, anything, nothing, everything은 형용사가 뒤에서 꾸며줘요.
▶ I want something cold. 나는 찬 것을 원한다.
▶ There is nothing special. 특별한 것이 없다.

2. 주어를 보충 설명해 주는 보어: be동사 + 형용사
be동사, become, get 등의 동사 다음에 와서 주어를 보충해 주는 역할을 해요.

▶ This book is interesting. 이 책은 재미있다.

• 오감을 나타내는 동사
look, smell, sound, taste, feel, seem + 형용사도 많이 사용되는 구문이에요.
▶ This cake tastes delicious. 이 케이크는 맛있다.

주어	동사	보어(형용사)	해석
He	is	kind.	그는 친절하다.
It	becomes	cold.	날씨가 추워진다.
They	get	tired.	그들은 피곤해진다.
You	look	great.	당신은 매우 좋아 보인다.

Exercises

• 형용사는 사람이나 사물의 성질, 상태, 크기, 색깔 등을 나타내는 것

A 문장에서 형용사를 찾아 표시하고, 다음 중 어디에 해당하는지 고르세요.

1. He is an honest boy. 성질 상태 크기 색깔
2. She is hungry. 성질 상태 크기 색깔
3. His shoes are black. 성질 상태 크기 색깔
4. The house is big. 성질 상태 크기 색깔
5. The green cap is mine. 성질 상태 크기 색깔
6. Kenji is very thirsty. 성질 상태 크기 색깔

• 형용사의 역할:
주로 명사 앞에서 명사를 꾸며주며, 그 명사에 대해 자세한 정보 제공

B 형용사를 찾아 밑줄을 긋고, 꾸며주는 명사에 표시하세요.

1. I need a fast car.
2. I will buy new shoes.
3. I want a pretty dress.
4. John is an honest boy.
5. Amy lives in the old house.
6. Grandma drinks hot tea.
7. The little cat is Tom's.
8. Nick is a brave boy.
9. It is a wonderful day.
10. He has a brown dog.

- 형용사의 역할: be동사나 오감동사 다음에 와서 주어를 보충
- be동사, become, get, 오감동사(look, smell, sound, taste, feel) + 형용사

C 우리말을 읽고, 다음을 연결하여 문장을 완성하세요.

1. 날이 어두워진다. It • — • c. gets dark.

1. 날이 어두워진다.	It •		• a. looks pretty.
2. 그 빵은 냄새가 좋다.	The bread •		• b. tastes delicious.
3. 그 꽃이 예뻐 보인다.	The flower •		• c. gets dark.
4. 그 케이크가 맛있다.	The cake •		• d. becomes cold.
5. 옷의 감촉이 부드럽다.	The dress •		• e. smells good.
6. 날이 추워진다.	It •		• f. feels soft.

D 주어진 단어를 이용하여 문장을 완성하고, 형용사에 표시하세요.

1. There are / in the vase / beautiful / flowers.

   → There are (beautiful) flowers in the vase.

2. big / in the house. / rooms / not / There are

   → ______________________________

3. have / a / cute / I / dog.

   → ______________________________

4. The tall / is / a hotel. / building

   → ______________________________

5. heavy / mine. / The / is / bag

   → ______________________________

6. likes / She / cookies. / sweet

   → ______________________________

• 형용사는 주로 꾸며주는 명사 앞에 오지만(형용사 + 명사), -thing으로 끝난 단어는 뒤에서 꾸며줌(something, anything, nothing, everything + 형용사)

E 우리말을 읽고, 괄호 안의 형용사를 올바른 위치에 넣어 보세요.

1. Billy는 훌륭한 무용가이다. Billy is a ^ dancer. (great) great
2. 그 빠른 차는 새 것이다. The car is new. (fast)
3. 특별한 것이 없다. There is nothing. (special)
4. 이분은 유명한 의사이다. This is a doctor. (famous)
5. 이것은 좋은 식당이다. This is a restaurant. (nice)
6. 그는 달콤한 것을 먹고 싶다. He wants to eat something. (sweet)

F 사진을 보고, 알맞은 형용사를 찾아 빈칸에 쓰세요.

red surprised orange ~~long~~ tired old

1. 

She has __long__ hair.

2. 

The apple is ______.

3. 

The boy is ______.

4. 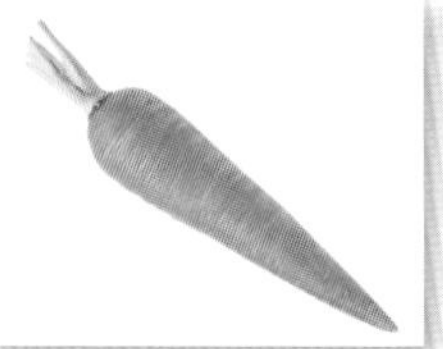

The carrot is __________.

5. 

Her grandmother is __________.

6. 

He is __________ at the news.

G 문장을 잘 듣고, 설명하고 있는 그림에 번호를 쓰세요. T24

H 셀로판을 사용하여 형용사를 모두 찾아 쓰세요.

Unit 11

수량형용사 many much

Check

다음 중 알맞은 수량형용사를 고르세요.

She eats (many / much) pears. He has (some / any) money.

Listen and read. T25

We have many apples.
We only have a little free time.
We don't have much money.

A 수량형용사의 의미

수량을 표시하는 형용사예요.

수 셀 수 있는 복수명사	양 셀 수 없는 명사	수 & 양 둘 다 복수명사, 셀 수 없는 명사
many 많은	much 많은	a lot of, lots of 많은
a few 조금 약간(긍정)	a little 조금 약간(긍정)	some 약간의(긍정문), (권유문)
few 거의 없는(부정)	little 거의 없는(부정)	any 약간의(부정문), (의문문)

• 수량형용사를 정확하게 활용하기 위해 두 가지 질문을 하세요.
- 셀 수 있는 명사인가? - 긍정문인가, 부정문인가?

B 수량형용사의 종류

1. many vs. much: 많은

many + 셀 수 있는 복수명사	much + 셀 수 없는 명사
I eat many cookies. 나는 과자를 많이 먹는다.	I don't drink much water. 나는 물을 많이 마시지 않는다.

2. a few vs. a little: 조금, 약간의

a few + 셀 수 있는 복수명사	a little + 셀 수 없는 명사
I eat a few cookies. 나는 과자를 조금 먹는다.	I drink a little water. 나는 물을 조금 마신다.

3. a few vs. few / a little vs. little: 조금 vs. 거의 없는

a few vs. few	a little vs. little
He has a few friends. (긍정) 그는 친구가 조금 있다.	He has a little money. (긍정) 그는 돈이 조금 있다.
He has few friends. (부정) 그는 친구가 거의 없다.	He has little money. (부정) 그는 돈이 거의 없다.

• few, little은 그 자체가 부정의 의미이므로, 문장에 not을 쓰지 않아요.
▶ He doesn't have little money. (X)

4. some vs. any: 조금, 약간의

some	any
I have some cookies. (긍정) 나는 과자가 조금 있다.	I don't have any cookies. (부정) 나는 과자가 전혀 없다.
I have some money. (긍정) 나는 돈이 조금 있다.	I don't have any money. (부정) 나는 돈이 전혀 없다.
Will you have some cookies? (권유) 과자를 좀 드시겠어요?	Do you have any cookies? (의문) 너는 과자가 좀 있니?

Exercises

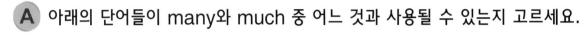

- 수량형용사 many + 셀 수 있는 복수명사
- 수량형용사 much + 셀 수 없는 명사

A 아래의 단어들이 many와 much 중 어느 것과 사용될 수 있는지 고르세요.

1. many + c

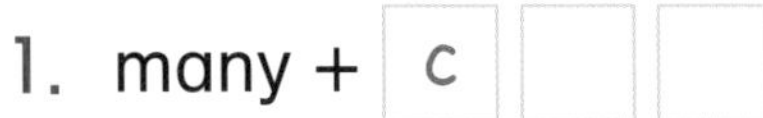

2. much + a

a. sugar salt pepper flour

b. milk water juice coffee

c. books toys chairs caps

d. cheese bread meat butter

e. bears giraffes kangaroos

f. teachers students friends

- a lot of, lots of는 '많은'이라는 뜻으로 수와 양을 나타낼 때 모두 사용
- many(수) 또는 much(양)로 교체 가능

B a lot of와 lots of를 many나 much로 바꾸어 문장을 완성하세요.

1. He has a lot of toys. → He has __many__ toys.
2. Don't eat lots of sugar. → Don't eat ________ sugar.
3. Ben eats lots of apples. → Ben eats ________ apples.
4. Ann meets lots of friends. → Ann meets ________ friends.
5. I don't have a lot of time. → I don't have ________ time.
6. He doesn't drink a lot of milk. → He doesn't drink ________ milk.

• a few, few는 셀 수 있는 복수명사와 함께 사용
• a few는 '조금, 약간'이라는 긍정의 뜻, few는 '거의 없는'이라는 부정의 뜻

C 문장을 읽고, a few와 few 중 알맞은 것을 고르세요.

1. Kevin loves animals. He has (a few) few dogs and cats.
2. Steve is not kind. He has a few few friends.
3. Ed is smart. He makes a few few mistakes.
4. The class is quiet. A few Few students make noise.
5. That singer is not famous. A few Few people know him.
6. Jill loves to read. She always has a few few books in her bag.

• a little과 little은 셀 수 없는 명사와 함께 사용
• a little은 '조금, 약간'이라는 긍정의 뜻, little은 '거의 없는'이라는 부정의 뜻

D 문장을 읽고, a little과 little 중 알맞은 것을 고르세요.

1. I have (a little) little money. I can buy that pen.
2. Mike has a little little money. He can't buy a new car.
3. Grace is very busy. She has a little little time to waste.
4. Jake will help you. He has a little little time.
5. It starts to rain. We will have a little little rain today.
6. It is hot and dry. We have a little little rain this summer.

- *some*: 긍정문, 권유문　*any*: 부정문, 의문문

E some과 any 중 알맞은 것을 고르고, 문장의 종류를 선택하세요.

1. I drink (some / any) soda.　긍정문　부정문　권유문　의문문
2. I don't have (some / any) time.　긍정문　부정문　권유문　의문문
3. Do you read (some / any) books?　긍정문　부정문　권유문　의문문
4. Will you have (some / any) sugar?　긍정문　부정문　권유문　의문문
5. He doesn't like (some / any) tea.　긍정문　부정문　권유문　의문문
6. I see (some / any) animals.　긍정문　부정문　권유문　의문문

F 사진을 보고, 알맞은 수량형용사를 찾아 빈칸에 쓰세요.

~~many~~　lots of　a few　a little　any　some

1. 

There are __many__ strawberries.

2. 

Will you have ______ coffee?

3. 

There are ______ cherries.

4. 

He doesn't have ______ shoes.

5. 

There is ______ water.

6. 

There is ______ juice.

G 문장을 잘 듣고, 들리는 문장을 고르세요. (T26)

1. a. Ben has <u>a few</u> books. b. Ben has <u>few</u> books.
2. a. Harry knows <u>a few</u> girls. b. Harry knows <u>few</u> girls.
3. a. Would you like <u>some</u> juice? b. Do you have <u>any</u> juice?
4. a. He doesn't need <u>much</u> money. b. He needs <u>some</u> money.
5. a. I like <u>some</u> vegetables. b. I don't like <u>any</u> vegetables.
6. a. Does he have <u>many</u> friends? b. Does he have <u>much</u> money?
7. a. He wants <u>a little</u> water. b. He has <u>little</u> water.
8. a. There is <u>a little</u> tea in the cup. b. There is <u>little</u> tea in the cup.

H 셀로판을 사용하여 수량형용사를 모두 찾아 쓰세요.

sxscomtebkbxcelxmouicvhdex

mkadnysklreoefaknoyaurjvc

pepflekwofeplzietotdlkerdk

Unit 12

부사 slowly fast very

Check

● 다음 문장에서 형용사는 ◯, 부사는 △하세요.

The old man gets up early.　　He is a very good singer.

Listen and read. (T27)

A 부사의 의미

상태나 동작을 꾸며주는 말로써, 일반적으로 '~하게'라고 해석해요.

▶ He smiles happily. 그는 행복하게 웃는다.

▶ He walks slowly. 그는 느리게 걷는다.

Tip

• 장소, 방법, 시간 등을 나타내는 말들을 부사구라고 해요.

▶ I go to school by bus at 8:00. 나는 8시에 버스를 타고 학교에 간다.
(장소) (방법) (시간)

B 부사의 역할

형용사, 동사, 다른 부사, 문장 전체를 꾸며주는 역할을 해요.

1. 형용사 수식
   - ▶ He is a very smart boy. 그는 매우 똑똑한 소년이다.
   - ▶ She is really happy. 그녀는 정말 행복하다.

2. 동사 수식
   - ▶ He runs fast. 그는 빠르게 달린다.
   - ▶ She studies hard. 그녀는 열심히 공부한다.

3. 다른 부사 수식
   - ▶ He runs very fast. 그는 매우 빠르게 달린다.
   - ▶ She fixes it so easily. 그녀는 그것을 아주 쉽게 고친다.

4. 문장 전체 수식
   - ▶ Luckily, he succeeded. 다행히도, 그는 성공했다.

C 부사의 형태

규칙		불규칙	
대부분의 형용사 형용사 +ly	자음 +y로 끝난 형용사 y를 i로 고친 후 +ly	형용사 = 부사	형태가 완전히 다른 경우
slow - slowly nice - nicely	happy - happily easy - easily lucky - luckily	fast - fast late - late high - high hard - hard early - early	good - well

Exercises

• 부사의 의미: 상태나 동작을 꾸며주는 말로써, 일반적으로 '~하게'라고 해석

A 문장에서 부사를 찾아 표시하세요.

1. Turtles move slowly.
2. Airplanes fly fast.
3. She speaks quietly.
4. She is a very good dancer.
5. David sings well.
6. He does his homework easily.
7. The baby smiles happily.
8. Miranda walks beautifully.
9. John gets up early.
10. John really likes bugs.

• 부사의 형태

① 일반적으로 형용사 +ly　② 자음 +y로 끝날 때 y를 i로 고치고 +ly

③ 형용사 = 부사　④ 형용사와 부사의 형태가 완전히 다를 때

B 빈칸에 알맞은 형용사나 부사를 쓰세요.

	형용사	부사
1.	nice	nicely
2.		happily
3.	careful	
4.		quickly
5.	lucky	
6.	early	

	형용사	부사
7.		loudly
8.	angry	
9.	safe	
10.		well
11.		quietly
12.	kind	

• 부사의 역할: 형용사, 동사, 다른 부사, 문장 전체를 꾸며줌

C 부사를 찾아 밑줄을 긋고, 꾸며주는 부분에 표시하세요.

1. He is a very fast runner.
2. He runs fast.
3. He is a really good swimmer.
4. He swims well.
5. He is a very early bird.
6. He gets up early.
7. Birds fly high.
8. They come late.
9. He is a very hard worker.
10. He works hard.
11. Sadly, he died.
12. She walks slowly.

D 같은 내용의 문장을 연결하세요.

1. He sings well. •   • a. He is a good speaker.
2. He dances well. •   • b. He is a fast runner.
3. He speaks well. •   • c. He is a good singer.
4. He runs fast. •   • d. He is a hard worker.
5. He works hard. •   • e. He is a good dancer.

- 형용사는 주로 명사 앞에서 명사를 꾸며주거나 *be*동사 뒤에서 보어로 쓰임
- 부사는 형용사, 동사, 다른 부사, 문장 전체를 꾸며줌

E 알맞은 것을 고르세요.

1. The girl sings happy | happily .
   The girl sings a happy | happily song.

2. Ms. Han speaks English perfect | perfectly .
   Ms. Han speaks perfect | perfectly English.

3. Emma plays music loud | loudly .
   Emma plays loud | loudly music.

4. Minsu is a good | well swimmer.
   Minsu swims really good | well .

F 두 문장의 뜻이 비슷하도록 알맞은 부사를 빈칸에 쓰세요.

1. 

Snails are slow.
They move very slowly.

2. 
He is very angry.
He shouts very ___________.

3. 
The baby has a beautiful smile.
The baby smiles ___________.

4. 
That is a very fast train.
It runs very ___________.

G 문장을 잘 듣고, 빈칸에 알맞은 부사를 쓰세요. T28

1. Trains move fast .
2. Jenny gets up ____ .
3. He is ____ hungry.
4. Mr. Hunters swims ____ .
5. ____ , they lived.
6. Please speak ____ .
7. She is ____ lucky.
8. George works ____ .

H 셀로판을 사용하여 부사를 모두 찾아 쓰세요.

adpjsflpoewiljyvdigjreejadtpldyj

dheaprjdijvfiawsktedtvjewreyijev

pwfejlaldefleojusdtlvyeisekajrklfyi

Review 4

A 형용사에 대한 문장을 읽고 맞으면 C, 틀리면 I를 선택하세요.

1. 형용사는 사람이나 사물의 성질, 상태, 크기, 색깔 등을 나타내요. C I
2. 형용사는 주로 명사 뒤에서 명사를 꾸며줘요. C I
3. 형용사는 꾸며주는 명사에 대해 정보를 주는 역할을 해요. C I
4. 형용사는 be동사, become, get 등의 동사 다음에 와서 주어를 보충해주는 역할을 해요. C I
5. 오감을 나타내는 look, smell, sound, taste, feel 뒤에는 형용사가 와요. C I

B 수량형용사에 대한 문장을 읽고 맞으면 C, 틀리면 I를 선택하세요.

1. 'many + 셀 수 있는 복수명사', 'much + 셀 수 없는 명사'예요. C I
2. a lot of와 lots of는 수(many)와 양(much)에 모두 사용할 수 있어요. C I
3. some은 긍정문과 권유문에 사용해요. C I
4. a few는 '약간의, 조금', few는 '거의 없는'이라는 뜻이에요. C I
5. a little은 셀 수 없는 명사, 부정문에만 사용해요. C I

C 부사에 대한 문장을 읽고 맞으면 C, 틀리면 I를 선택하세요.

1. 부사는 상태나 동작을 꾸며주는 말이에요. C I
2. 부사는 주로 '~하게'라고 해석해요. C I
3. 부사는 명사를 꾸며주는 말이에요. C I
4. 부사는 형용사, 동사, 다른 부사, 문장 전체를 꾸며주는 말이에요. C I
5. 가장 기본적인 부사의 형태는 '형용사 +ly'예요. C I

- 형용사: 성질, 상태, 크기, 색깔 등을 나타냄
- 형용사의 위치: ① 형용사 + 명사 ② something, anything, nothing + 형용사

D 형용사에 밑줄을 긋고, 꾸며주는 단어에 표시하세요.

1. Turtles are slow animals.
2. That is a fast car.
3. He is a good singer.
4. She is a beautiful girl.
5. He is an honest man.
6. That is an old building.
7. I want something cold.
8. There is nothing special.

- be동사, get, become, look, smell, sound, taste, feel + 형용사

E 주어진 단어 중 맞는 것을 골라 문장을 완성하세요.

1. You look (wonderful / wonderfully).

→ ______________________________

2. It is getting (coldly / cold).

→ ______________________________

3. That sounds (greatly / great).

→ ______________________________

4. This tastes (sweet / sweetly).

→ ______________________________

셀로판을 사용하여 우리말에 알맞은 영어 문장을 세 번씩 말해 보세요.

1. 저의 아빠는 키가 크세요. My dad is tall.
2. 저의 엄마는 친절하세요. My mom is kind.
3. 저의 누나는 예쁜 소녀예요. My sister is a pretty girl.

- many, (a) few + 셀 수 있는 명사 / much, (a) little + 셀 수 없는 명사
- a lot of, lots of, some, any + 셀 수 있는 명사, 셀 수 없는 명사 둘 다

F a few와 a little 중 알맞은 것을 빈칸에 쓰세요.

1. __________ bananas
2. __________ sugar
3. __________ cheese
4. __________ carrots
5. __________ milk
6. __________ books
7. __________ bags
8. __________ cookies

- 긍정문에서 some, 부정문에서 any
- 긍정의 뜻을 가진, a few, a little, 부정의 뜻을 가진 few, little

G 알맞은 것을 고르고, 맞는 뜻을 연결하세요.

1. I have some any money. • • a. 나는 차를 전혀 마시지 않는다.
2. He has some any shirts. • • b. 그는 셔츠를 조금 가지고 있다.
3. I don't drink some any tea. • • c. 나는 돈이 조금 있다.
4. He needs some any water. • • d. 그는 운동을 전혀 하지 않는다.
5. I don't eat some any meat. • • e. 그는 물이 조금 필요하다.
6. He doesn't play some any sports. • • f. 나는 고기를 전혀 먹지 않는다.

 셀로판을 사용하여 우리말에 알맞은 영어 문장을 세 번씩 말해 보세요.

1. 우리는 자유 시간이 조금 있어요. We have a little free time. 
2. 우리는 돈이 많지 않아요. We don't have much money. 
3. 우리는 사과를 많이 갖고 있어요. We have many apples. 

• 부사의 역할: 형용사, 동사, 다른 부사, 문장 전체를 꾸며줌

H 부사를 찾아 밑줄을 긋고, 꾸며주는 단어에 표시하세요.

1. The baby smiles happily.
2. The man speaks loudly.
3. The lady is very old.
4. The boy runs fast.
5. The girl sings well.
6. Ken is a very famous dancer.

• 부사의 형태
① 일반적으로 형용사 + ly ② 자음 + y로 끝날 때 y를 i로 고치고 + ly
③ 형용사 = 부사 ④ 형용사와 부사의 형태가 완전히 다를 때

I 빈칸에 알맞은 부사를 쓰세요.

	형용사	부사
1.	slow	
2.	nice	
3.	beautiful	
4.	easy	
5.	fast	

	형용사	부사
6.	kind	
7.	late	
8.	early	
9.	good	
10.	wonderful	

셀로판을 사용하여 우리말에 알맞은 영어 문장을 세 번씩 말해 보세요.

1. 치타는 빠르게 달려요. Cheetahs run fast.

2. 기린은 매우 키가 커요. Giraffes are very tall.

3. 코끼리는 천천히 걸어요. Elephants walk slowly.

신나는 힙합 챈트를 들어보면서 배운 문법 내용을 연습해 보세요! T29

Appendix 품사별 단어

명사(Noun)

가수	singer
자동차	car
원숭이	monkey
동물원	zoo
가족	family
과일	fruit
물	water
주스	juice
커피	coffee
차	tea
빵	bread
치즈	cheese
공기	air
가스	gas
설탕	sugar
소금	salt
후추	pepper
밀가루	flour
모래	sand
사랑	love
믿음, 신뢰	trust
평화	peace

대명사(Pronoun)

나는	I
나를	me
너는, 너희는, 너를, 너희들을	you
그는	he
그를	him
그녀는	she
그녀를	her
그것은, 그것을	it
우리는	we
우리들을	us
그들은, 그것들은	they
그들을, 그것들을	them

동사(Verb)

~이다, ~에 있다	am / are / is
좋아하다	like
먹다	eat
읽다	read
키스하다	kiss
씻다	wash
보다	watch
원하다	want
섞다	mix
가다	go
공부하다	study
시도하다	try
가지다	have
하다	do
말하다	speak
놀다	play
느끼다	feel
마시다	drink
가르치다	teach
굽다	bake
울다	cry
짓다	build
사다	buy

형용사(Adjective)

친절한	kind
똑똑한	smart
수줍은	shy
정직한	honest
용감한	brave
행복한	happy
슬픈	sad
배고픈	hungry
목마른	thirsty
키가 큰, 높은	tall
(치수, 정도, 양 등이) 큰	big
(길이, 거리가) 긴	long
(크기, 수, 양, 정도가) 작은	small
빨간색의	red
녹색의	green
파란색의	blue
노란색의	yellow
흰색의	white
검은색의	black
재미있는	interesting
차가운	cold
특별한	special
맛있는	delicious
피곤한	tired
대단한	great
예쁜	pretty
아름다운	beautiful
귀여운	cute
무거운	heavy
달콤한	sweet
놀라운	surprised
부드러운	soft

부사(Adverb)

매우	very
느리게	slowly
멋지게	nicely
조심스럽게	carefully
행복하게	happily
운 좋게	luckily
쉽게	easily
명랑하게	merrily
빠르게	fast
늦게	late
높이	high
열심히	hard
일찍, 초기에	early
잘, 좋게	well
조용히	quietly
아름답게	beautifully
진짜로, 실제로	really
큰 소리로	loudly
친절하게	kindly

전치사(Preposition)

~안에	in
~위에	on
~아래에	under
~에	at
~로, ~쪽으로	to
~에서 가까이	near
(위치가) 사이에	between
(위치가) 뒤에	behind
(시간, 순서 상으로) 뒤에	after
(시간 상으로 ~보다) 앞에	before

접속사(Conjunction)

그리고	and
또는	or
그러나	but
~때문에	because
만약 ~라면	if

감탄사(Interjection)

오	oh
와우	wow

Contents

Unit 1 명사

• 명사란 사람, 사물, 동물, 장소, 생각이나 가치 등을 나타내는 것

A 단어가 명사인지 아닌지 고른 후, 어디에 속하는지 고르세요.

1. mother　명사 (o / x)　-　사람　사물　동물　장소
2. car　명사 (o / x)　-　사람　사물　동물　장소
3. bird　명사 (o / x)　-　사람　사물　동물　장소
4. kind　명사 (o / x)　-　사람　사물　동물　장소
5. park　명사 (o / x)　-　사람　사물　동물　장소
6. student　명사 (o / x)　-　사람　사물　동물　장소
7. toy　명사 (o / x)　-　사람　사물　동물　장소
8. horse　명사 (o / x)　-　사람　사물　동물　장소

B 문장에서 명사를 모두 고르세요.

1. Jenny has a small cat.
2. John is in the park.
3. My computer is on the desk.
4. We can see many birds at the zoo.
5. She drinks milk.
6. Canada is a big country.
7. He likes to ride a bike.
8. The roses are beautiful.

- 셀 수 있는 명사: 보통명사, 집합명사
- 셀 수 없는 명사: 물질명사, 추상명사, 고유명사

C 보기와 같이 셀 수 있는 명사와 셀 수 없는 명사를 구분해 보세요.
셀 수 있는 명사는 a 혹은 an과 함께 쓰세요.

~~fork~~ ~~sugar~~ bread
banana water knife
spoon salt tea egg

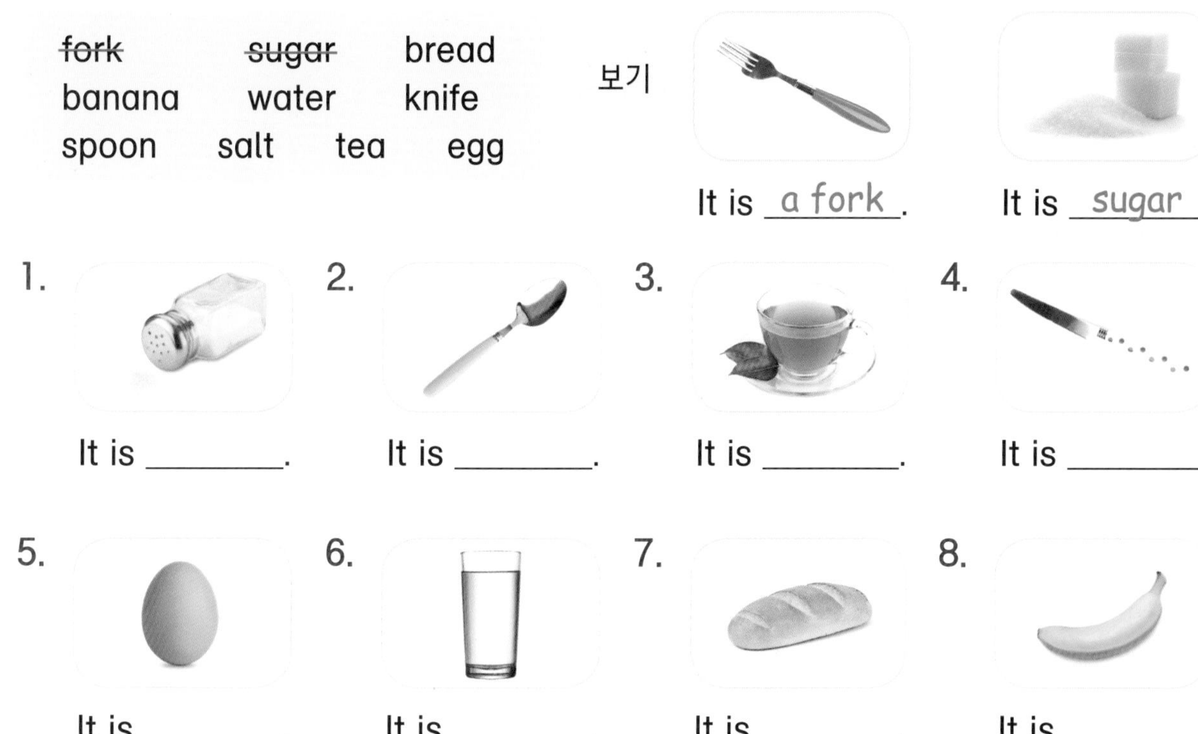

보기 It is a fork. It is sugar.

1. It is ________.
2. It is ________.
3. It is ________.
4. It is ________.
5. It is ________.
6. It is ________.
7. It is ________.
8. It is ________.

D 명사의 종류에 알맞은 단어를 고르세요.

1. 보통명사 - John cat milk water
2. 집합명사 - family hat Korea butter
3. 물질명사 - house mom friend coffee
4. 추상명사 - son trust park egg
5. 고유명사 - cake glass Seoul book
6. 보통명사 - peace salt boy bread
7. 집합명사 - pencil Jenny table fruit

Unit 2 단수명사-복수명사

• 단수명사는 명사가 하나 일 때, 복수명사는 명사가 둘 이상일 때

A 나머지 세 개와 다른 것을 고르세요.

1. cows	ducks	goose	chickens
2. leaf	knife	wives	wolf
3. baby	city	strawberry	ladies
4. class	boxes	benches	dishes
5. pen	bags	eraser	ruler
6. flies	cherries	parties	country
7. foxes	glass	churches	tomatoes
8. spider	ants	ladybugs	bees

• 규칙 복수명사를 만들 때: 단수명사 + *-s* / *-es*

B 아래 단어들의 복수형을 알맞은 곳에 쓰세요.

~~boy~~	church	glass	toy	banana
car	class	student	fox	kiss

1. +s	2. +es
boys	

- 단수명사와 함께 사용되는 것: *a, an, one, this, that*
- 복수명사와 함께 사용되는 것: *two, many, some, these, those*

C 주어진 단어를 알맞은 형태로 쓰세요.

1.	penguin	There are many __penguins__ in the aquarium.
2.	story	Jenny likes these __________.
3.	ball	There are four __________ in the gym.
4.	plate	This __________ is very big.
5.	shelf	She needs some __________.
6.	mirror	I want that __________.
7.	box	Coco has ten __________ now.
8.	notebook	I don't have a __________.
9.	orange	Mom has an __________ in the basket.
10.	book	Those __________ are in the bookshelf.

- 복수명사를 만들 때 *-s* , *-es*는 /s/, /z/, /iz/ 세 가지로 발음

D 밑줄 친 -s, -es 부분의 발음이 어떤 소리인지 고르세요.

1. lion<u>s</u>	/s/	(/z/)	/iz/	2. park<u>s</u>	/s/	/z/	/iz/
3. cap<u>s</u>	/s/	/z/	/iz/	4. church<u>es</u>	/s/	/z/	/iz/
5. fox<u>es</u>	/s/	/z/	/iz/	6. dish<u>es</u>	/s/	/z/	/iz/
7. dolphin<u>s</u>	/s/	/z/	/iz/	8. flower<u>s</u>	/s/	/z/	/iz/
9. eraser<u>s</u>	/s/	/z/	/iz/	10. map<u>s</u>	/s/	/z/	/iz/
11. desk<u>s</u>	/s/	/z/	/iz/	12. tree<u>s</u>	/s/	/z/	/iz/

Unit 3 대명사

- 대명사의 의미: 앞에 나온 명사를 대신하는 단어
- 대명사의 주격(은, 는, 이, 가): 문장에서 주어의 역할

A 단수형 대명사는 복수형으로, 복수형 대명사는 단수형으로 고쳐 쓰세요.

1. we (우리들은)
2. it (그것은)
3. they (그 여자들은)
4. they (그 남자들은)
5. I (나는)
6. you (너희들은)
7. you (너는)
8. she (그 여자는)
9. he (그 남자는)
10. they (그것들은)

B 밑줄 친 부분을 대명사로 쓸 때 알맞은 것을 고르세요.

1.	Sally is my friend.	He	She	is my friend.
2.	Tom likes soccer.	He	She	likes soccer.
3.	Jenny and I go to school.	We	They	go to school.
4.	This chair is blue.	It	They	is blue.
5.	Many cars are on the street.	It	They	are on the street.
6.	You and Nick look tired.	We	You	look tired.
7.	My father is very tall.	He	We	is very tall.
8.	Eric and Sam are brothers.	He	They	are brothers.
9.	Ms. Han is my teacher.	She	It	is my teacher.
10.	Turtles walk very slowly.	You	They	walk very slowly.

• 대명사의 의미: 앞에 나온 명사를 대신하는 단어
• 대명사의 목적격(을, 를): 문장에서 목적어의 역할

C 문장을 읽고, 알맞은 대명사의 목적격을 고르세요.

1. Daniel likes Jenny. She likes [me | him | her], too.

2. My parents love me. I love [you | us | them], too.

3. You call John every day. He calls [me | you | him], too.

4. Ted and I like Ms. Han. She likes [him | me | us], too.

5. Anne helps her mom every day.
   Her mom helps [me | her | us] every day, too.

• 문장의 주어는 주격 대명사(I, you, he, she, it, we, you, they) 사용
• 문장의 목적어는 목적격 대명사(me, you, him, her, it, us, you, them) 사용

D 빈칸에 알맞은 대명사를 넣어 문장을 완성하세요.

1. My mom works in a restaurant. She is a cook.

2. Look at the puppies. ________ are so cute.

3. My father has a car. He cleans ________ every Sunday.

4. Mike is John's friend. John likes ________ very much.

5. Emma is very kind. Everyone likes ________.

6. Alex and I have many books. ________ read them together.

Unit 4 be동사

• be동사 현재형에는 am, are, is가 있고, 주어에 맞추어 사용

A 빈칸에 알맞은 be동사를 쓰세요.

1. I ___am___ from America.
2. You ______ sunburned.
3. He ______ a famous dancer.
4. She ______ my grandmother.
5. It ______ my backpack.
6. He and I ______ classmates.
7. You and I ______ Korean.
8. Mr. Kim ______ a teacher.
9. Ms. Han ______ a teacher.
10. Mr. Kim and Ms. Han ______ teachers.

• be동사는 긍정문에서 대명사와 함께 축약

B be동사의 축약형을 쓰세요.

1. I am → ___I'm___
2. It is → ______
3. You are → ______
4. We are → ______
5. He is → ______
6. They are → ______

• be동사는 부정문에서 not과 함께 축약 (am not은 축약할 수 없어요.)

C be동사의 축약형을 이용하여 부정문으로 고치세요.

1. You <u>are</u> in New York. → You aren't in New York.
2. I <u>am</u> from Canada. →
3. Swimming <u>is</u> easy. →
4. Mom <u>is</u> at home. →
5. Those socks <u>are</u> mine. →
6. Ed and Eric <u>are</u> 12 years old. →

• be동사 + 명사 / 형용사: ~이다
• be동사 + at / in장소 : ~에 있다

D 그림을 보고, 문장에 알맞은 be동사를 찾아 빈칸에 쓰세요.

am are is aren't isn't

1. The family __is__ on the farm.
2. Three cows _______ in the fields.
3. The chicks _______ at home.
4. The pig _______ in the fence.
5. The mother's hat _______ red.
6. The girl's pants _______ yellow.
7. Girl: I _______ so excited.
8. Boy: We _______ happy!

Unit 5 일반동사

• 주어가 3인칭 단수일 때: 동사원형 +s / +es

A 동사들의 3인칭 단수형을 쓰고, 어떤 규칙을 사용하는지 연결하세요.

1. watch → watches •
2. study → •
3. play → •
4. have → •
5. finish → •
6. mix → •
7. try → •
8. clean → •

• a 대부분의 동사 +s

• b -ss, -sh, -ch, -x, -o로 끝난 동사는 +es

• c 자음 +y로 끝난 동사는 y를 i로 고치고 +es

• d 불규칙

• 일반동사 부정문의 축약형: *do not = don't / does not = doesn't*

B 긍정문은 부정문으로, 부정문은 긍정문으로 바꾸세요.
부정문을 쓸 경우, 축약형을 사용하세요.

1. I go to school every day. → I don't go to school every day.
2. You don't have a pet. →
3. He walks to school. →
4. My aunt doesn't stay here. →
5. My friends play basketball. →
6. The old man drives the car. →

- 주어가 1인칭, 2인칭, 복수일 때: 동사원형
- 주어가 3인칭 단수일 때 : 동사원형 +s / +es

C 주어진 동사를 알맞은 형태로 쓰세요.

1. dance — You __dance__ very beautifully.
2. work — My mom ________ at home.
3. have — My brother and I ________ a lot of books.
4. live — They ________ in a big house.
5. miss — She ________ her husband.
6. carry — Mr. Black ________ his suitcase.
7. fly — The airplane ________ in the sky.
8. go — The earth ________ around the sun.

D 표를 잘 보고, Hunters 가족들이 좋아하는 것과 좋아하지 않는 것을 확인해 보세요. 그리고 표에 맞게 문장을 완성하세요.

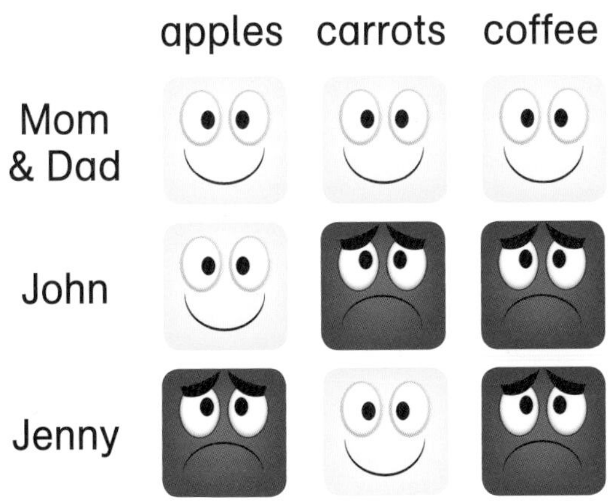

	apples	carrots	coffee
Mom & Dad			
John			
Jenny			

1. Mom and Dad __like__ apples.
2. John ____________ carrots.
3. Jenny ____________ coffee.
4. Mom and Dad ____________coffee.
5. Jenny ____________ carrots.
6. John ____________ apples.

Unit 6 의문문

- be동사 평서문의 어순: 주어 + be동사
- be동사 의문문의 어순: be동사 + 주어?

A 문장을 의문문으로 고치고, 알맞은 대답을 쓰세요.

1. You are a student. → Are you a student? Yes, I am.
2. He is big and tall. → ________________ No, ________.
3. She is beautiful. → ________________ Yes, ________.
4. Your dad is a teacher. → ________________ Yes, ________.
5. They are small boxes. → ________________ No, ________.
6. The shoes are small. → ________________ Yes, ________.
7. It is wrong. → ________________ No, ________.
8. This is his backpack. → ________________ No, ________.

B 주어진 단어를 이용하여 의문문을 완성하세요.

1. Cathy / Is / pianist / a / ? — Is Cathy a pianist?
2. a / bus / he / driver / Is / ? — ________________
3. you / at / home / Are / ? — ________________
4. I / sunburned / Am / ? — ________________
5. Is / expensive / this dress / ? — ________________
6. these girls / Are / years / 10 / old / ? — ________________

- 일반동사 평서문의 어순: 주어 + 동사
- 일반동사 의문문의 어순: Do / Does + 주어 + 동사원형?

C 문장의 주어에 주의하여 알맞은 동사를 고르세요.

1. (Do) Does you (like) likes apples?
2. Do Does he watch watches TV every night?
3. Do Does your teacher eat eats breakfast?
4. Do Does they study studies science after school?
5. Do Does Mark go goes to the movies a lot?
6. Do Does the girls play plays soccer together?

- 일반동사 의문문의 짧은 대답: 주어는 대명사 사용
- Yes, 주어 + do / does. No, 주어 + don't / doesn't.

D 사진을 보고, 질문에 알맞은 대답을 쓰세요.

1. 

   Does he drink juice?

   Yes, he does.

2. 

   Do they read books?

3. 

   Does Jill watch TV?

4. 

   Do you wash the dishes?

5. 

   Does the boy draw a picture?

6. 

   Do the children play baseball?

Unit 7 관사

- 부정관사: 셀 수 있는 단수 명사 앞에서 사용
- a는 발음이 자음으로 시작할 때, an은 발음이 모음으로 시작할 때 사용

A 다음 중 알맞은 것을 고르세요.

1. (a) an x tiger
2. a an x red umbrella
3. a an x bread
4. a an x fresh milk
5. a an x orange
6. a an x small bag
7. a an x tomatoes
8. a an x old man
9. a an x camera
10. a an x university

B a와 an을 이용해 알맞은 단어를 쓰세요.

~~orange~~ blue shirt orange shirt pencil umbrella hamburger

1. 

I want an orange.

2. 

I want ________________.

3. 

I need ________________.

4. 

I need ________________.

5. 

This is ________________.

6. 

This is ________________.

- 부정관사: 셀 수 있는 단수명사 앞에서 사용
- 정관사: 앞에서 언급된 단어가 반복될 때 사용, 유일한 천체, 악기 앞에서 사용

C 다음 중 알맞은 것을 고르세요.

1. It is raining now. Take (a, an) umbrella with you.
2. Mike buys some apples. (An, The) apples are green.
3. Sarah studies about (a, the) moon.
4. Luke always practices (a, the) piano with his mom.
5. Grace eats (an, x) bread. (A, The) bread is delicious.
6. (A, An) dog sits on the sofa. (A, The) dog is watching TV.
7. Jenny has (a, x) cat. (A, The) cat has a long tail.
8. Jake drinks (a, x) milk every day.

D 사진을 보고, 빈칸에 a, an, the 중 알맞은 것을 쓰세요.

1. 

   She plays the piano.

2. 

   The gentleman is ______ pilot.

3. 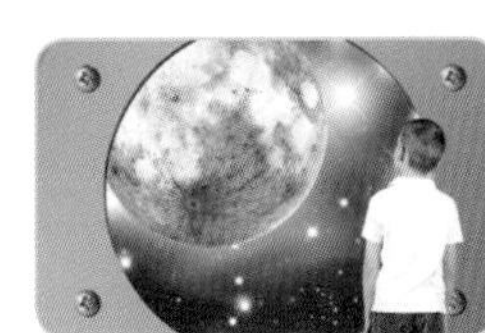

   A boy sees ______ moon.

4. 

   The girl has ______ bike.

5. 

   She is eating ______ apple.

6. 

   This girl plays ______ guitar.

Unit 8 지시대명사

• 단수: this(이 사람, 이것) – that(저 사람, 저것)
• 복수: these(이 사람들, 이것들) – those(저 사람들, 저것들)

A 단수형은 복수형으로, 복수형은 단수형으로 쓰세요.

1. that ball → those balls
2. these desks →
3. this apple →
4. those hats →
5. this pencil →
6. these roses →
7. that class →
8. these wolves →
9. this baby →
10. those dishes →
11. that fox →
12. those flies →

B 문장을 단수형으로 바꿀 때, 빈칸에 알맞은 말을 쓰세요.

1. Those are his new watches.

   → That is his new watch.

2. These chairs are broken.

   → ________ ________ is broken.

3. These are my old toys.

   → ________ is my old ________.

4. Those apples are very delicious.

   → ________ apple ________ very delicious.

• 지시형용사는 명사 앞에 오고, 그 명사를 꾸며줌

C 지시형용사를 사용하여 문장을 바꿔 쓰세요.

1. This is a sweet cookie. → This cookie is sweet.
2. Those are blue cups. → ________ are blue.
3. These are dirty socks. → ________ are dirty.
4. Those are pretty flowers. → ________ are pretty.
5. This is a very cute kitten. → ________ is very cute.
6. That is a tall building. → ________ is tall.

• **this, these**: 가까운 곳에 있는 사람, 사물
• **that, those**: 조금 떨어진 곳에 있는 사람, 사물

D 그림을 보고, this, that, these, those 중에 알맞은 것을 쓰세요.

1. ______ puppy is very cute.

3. ______ cows are very big!

2. How about ______ kitten?

4. These chicks are so small!

Unit 9 유도부사

• 유도부사 평서문 There + be동사 + 주어 + 장소: (어디)에 (무엇)이 있다.
• There is + 단수 주어 There are + 복수 주어

A 빈칸에 There is와 There are 중에서 알맞은 것을 쓰세요.

1. There is a chair next to the window.
2. ________ seven days in a week.
3. ________ some milk in the refrigerator.
4. ________ a little sugar in the bowl.
5. ________ two puppies in his house.
6. ________ many people at the zoo.

• 유도부사 부정문 There + be동사 + not + 주어 + 장소:(어디)에 (무엇)이 없다.
• 유도부사 의문문 be동사 + there + 주어 + 장소? :(어디)에 (무엇)이 있나요?

B 주어진 문장을 부정문과 의문문으로 바꾸세요.

1. <u>There is</u> a kitten under the table.

   → There isn't a kitten under the table.

   → Is there a kitten under the table?

2. <u>There is</u> a black jacket in the closet.

   →

   →

3. <u>There are</u> many parks in this town.

   →

   →

• 유도부사 의문문의 대답: *Yes, there is / are. No, there isn't / aren't.*

C 질문에 대해 Yes 대답과 No 대답을 모두 쓰세요.

1. Is there a clock on the wall?
   Yes, there is. / No, there isn't.

2. Are there any students in the classroom?
   Yes, ________. / No, ________.

3. Is there any salt in the shelf?
   Yes, ________. / No, ________.

4. Are there a lot of people at the station?
   Yes, ________. / No, ________.

D 밑줄 친 틀린 부분을 바르게 고치세요.

1. There <u>is</u> ten apples in the basket. → are
2. There are many <u>sock</u> in the drawer. →
3. There <u>are</u> an orange on the table. →
4. There <u>isn't</u> many hats in the closet. →
5. <u>Are</u> there an eraser under the bed? →
6. Is there a <u>dogs</u> in the house? →
7. There aren't many <u>book</u> in the store. →
8. There is some <u>waters</u> in the glass. →

Unit 10 형용사

• 형용사는 사람이나 사물의 성질, 상태, 크기, 색깔 등을 나타내는 것

A 우리말을 보고, 빈칸에 알맞은 형용사를 쓰세요.

1. 느린	slow	↔	빠른	fast
2. 슬픈	sad	↔	행복한	
3. 키가 큰	tall	↔	키가 작은	
4. 좋은	good	↔	나쁜	
5. 늙은	old	↔	젊은	
6. 더운	hot	↔	추운	
7. 닫힌	closed	↔	열린	

B 두 문장의 뜻이 같도록 빈칸에 알맞은 말을 쓰세요.

~~weak~~ cheap old clean long sick

1. The man is strong. = The man isn't weak.
2. This is a dirty room. = This ________ a ________ room.
3. My parents aren't young. = My parents ________ ________.
4. That rope isn't short. = That rope ________ ________.
5. Lisa is a healthy girl. = Lisa ________ a ________ girl.
6. The rings are expensive. = The rings ________ ________.

- 형용사는 be동사나 오감 동사 다음에 와서 주어를 보충
- be동사, become, get, 오감동사(look, smell, sound, taste, feel) + 형용사

C 알맞은 문장이 되도록 연결하세요.

1. This sweater feels •
2. The cookies smell •
3. Jenny's dress looks •
4. The weather •
5. His voice •
6. This food •

- • a. beautiful.
- • b. sounds nice.
- • c. delicious.
- • d. becomes warmer.
- • e. tastes wonderful.
- • f. smooth.

D 주어진 단어를 이용하여 문장을 완성하세요.

1. Do / like / they / interesting / this / book?
   → Do they like this interesting book?
2. the / Look at / building. / tall
   → ______________________
3. John / something / wants / cold.
   → ______________________
4. She / the / boring / movie. / like / doesn't
   → ______________________
5. he / Does / have / blue / a / car?
   → ______________________

Unit 11 수량형용사

- many(많은) + 셀 수 있는 복수명사
- much(많은) + 셀 수 없는 명사

A many와 much 중 알맞은 것을 고르세요.

1. Chris doesn't drink many / much coffee.
2. Mrs. Lee eats many / much cookies.
3. Bill doesn't have many / much money.
4. Ted doesn't put many / much salt in his soup.
5. Sam reads many / much books.
6. Jenny has many / much friends.
7. Mom doesn't need many / much flour.
8. There are many / much cars on the street.

- a few(조금), few(거의 없는) + 셀 수 있는 복수명사
- a little(조금), little(거의 없는) + 셀 수 없는 명사

B 빈칸에 알맞은 단어를 골라 쓰세요.

a few　　few　　a little　　little

1. 나는 동전을 몇 개 갖고 있다. I have __a few__ coins.
2. 그 소녀는 우유를 거의 마시지 않는다. The girl drinks ____________ milk.
3. 유리병 안에 잼이 조금 있니? Is there ____________ jam in the jar?
4. 그녀는 음식을 조금 먹는다. She eats ____________ food.
5. 장난감이 조금 있니? Are there ____________ toys?
6. 사람들이 거의 없다. There are ____________ people.

• *a lot of, lots of*(많은) + 수와 양을 나타내는 명사 모두
• *some, any*(조금, 약간의) + 수와 양을 나타내는 명사 모두

C 다음 중 알맞은 것을 고르세요.

1. Tom has many | a lot of money.
2. Jerry has much | some toys.
3. Chris reads a few | a little books.
4. Tim drinks a few | lots of milk every day.
5. My sister eats some | any cookies.
6. Shawn has a little | a few friends.
7. She doesn't drink much | many tea.
8. My mom puts a few | a little sugar.

• *some*: 긍정문, 권유문 *any*: 부정문, 의문문

D 밑줄 친 틀린 부분을 바르게 고치세요.

1. She needs a few water. → little
2. He buys a little tickets. →
3. Does she have some friends? →
4. There isn't some tea in the cup. →
5. Will you have any juice? →
6. We have few rain this summer. →
7. There is any cheese in the bowl. →
8. Tom reads little books. →

Unit 12 부사

• 부사는 상태나 동작을 꾸며주는 말로 일반적으로 '~하게'라고 해석

A 우리말을 보고, 빈칸에 알맞은 형용사나 부사를 쓰세요.

1. 느린	slow	→	느리게	slowly
2. 무거운	heavy	→	무겁게	
3. 늦은		→	늦게	late
4. 완벽한	perfect	→	완벽하게	
5. 훌륭한		→	훌륭하게	greatly
6. 안전한	safe	→	안전하게	
7. 친절한	kind	→	친절하게	
8. 위험한	dangerous	→	위험하게	

B 문장에서 밑줄 친 부사가 꾸며주는 부분을 찾아 표시하세요.

1. Mary comes to school <u>early</u>.
2. It rains <u>heavily</u>.
3. <u>Luckily</u>, he won the race.
4. She eats lunch <u>quickly</u>.
5. Dan is a <u>very</u> good runner.
6. Please listen <u>carefully</u>.
7. He dances <u>well</u>.
8. Sam is <u>really</u> kind.

- 부사의 형태
  ① 일반적으로 형용사 +ly ② 자음 +y로 끝날 때 y를 i로 고치고 +ly
  ③ 형용사 = 부사 ④ 형용사와 부사의 형태가 완전히 다를 때

C 형용사를 부사로 쓰고, 만들 때 어떤 규칙을 사용하는지 연결하세요.

1. happy → happily •
2. early → •
3. easy → •
4. fast → •
5. careful → •
6. good → •

- • a 대부분의 형용사 +ly
- • b 자음 +y로 끝난 형용사 y를 i로 고치고 +ly
- • c 형용사 = 부사
- • d 형용사와 형태가 완전히 다른 부사

D 사진을 보고, 빈칸에 알맞은 부사를 쓰세요.

high slowly well ~~fast~~

1. 

A cheetah runs fast.

2. 

An elephant moves __________.

3. 

An eagle flies __________.

4. 

A penguin swims __________.

Answer Key & Scripts

Unit 1 명사 girl cat house love

Check

p. 6

boy, bag, monkey, park, book

Exercises

p. 8~9

A

사람: actor, teacher
사물: table, book
동•식물: tiger, leaf
장소: mall, kitchen
생각, 가치: creativity, love

B

1. happy 2. like 3. hungry 4. am
5. eat 6. sing 7. old 8. new

C

1. 주어 2. 보어 3. 목적어 4. 목적어 5. 주어
6. 목적어 7. 보어 8. 주어 9. 보어 10. 목적어

[해석]
1. 그 가수는 유명하다.
2. 그는 유명한 가수이다.
3. 나는 그 가수를 좋아한다.
4. 나는 개를 좋아한다.
5. 그 개는 나의 것이다.
6. 그는 개를 가지고 있다.
7. 그것은 그의 개이다.
8. 그 상점은 새로 연 곳이다.
9. 그것은 좋은 상점이다.
10. 그녀는 그 상점을 좋아한다.

p. 10~11

D

보통명사: policeman, girl, student, cup
집합명사: family, fruit, class, team
물질명사: juice, bread, sugar, salt
추상명사: love, friendship, trust, peace
고유명사: Korea, King Sejong, John, Jenny

E

1, 4, 5, 6, 7, 10, 12

F

1. twins 2. house 3. cat 4. juice
5. teacher 6. sugar 7. cheese
8. chocolate 9. desk 10. family

[오디오 대본 & 해석]
1. Jenny and John are twins.
   Jenny와 John은 쌍둥이다.
2. They live in a big house.
   그들은 큰 집에 산다.
3. They have a cat.
   그들은 고양이를 가지고 있다.
4. I like juice.
   나는 주스를 좋아한다.
5. Ms. Han is my teacher.
   한 선생님은 나의 선생님이시다.
6. Mom puts some sugar in her coffee.
   엄마는 커피에 설탕을 조금 넣으신다.
7. Jenny likes cheese.
   Jenny는 치즈를 좋아한다.
8. John likes chocolate.
   John은 초콜릿을 좋아한다.
9. That is Jenny's desk.
   저것은 Jenny의 책상이다.
10. Their family name is Hunters.
    그들의 성은 Hunters이다.

G

milk, love, salt, bread, pepper, tea, flour, America

Unit 2 단수명사-복수명사 car-cars

Check

p. 12

toys, dishes, leaves, butterflies

Exercises

p. 14~15

A

1. a 2. b 3. b 4. a 5. b 6. a 7. a 8. b

B

1. strawberries 2. socks 3. potatoes
4. wolves 5. cherry 6. bag
7. boxes 8. leaves

[해석]
1. Jenny와 나는 딸기를 많이 먹고 싶다.
2. 이것들은 나의 양말이다.
3. 그 상자에는 감자가 세 개 있다.
4. 그 동물원에는 늑대가 두 마리 있다.
5. 나는 체리를 한 개 먹고 싶다.
6. 이것은 나의 가방이다.
7. 나의 고양이를 위한 상자들이 몇 개 있다.
8. 이 나뭇잎들을 좀 봐.

C

1. box 2. baby 3. kid 4. fork 5. dog
6. strawberry 7. desk 8. cookie

D

1. benches – b 2. wives – c
3. cities – d 4. toys – a
5. carrots – a 6. foxes – b
7. butterflies – d 8. knives – c

p. 16~17

E

1. bug – bugs / toy – toys / truck – trucks / desk – desks
2. bus – buses / box – boxes / class – classes / peach – peaches
3. shelf – shelves / wife – wives / thief – thieves / leaf – leaves
4. baby – babies / puppy – puppies / country – countries / city – cities

F

1. olives 2. watches 3. cups
4. puppies 5. knife 6. dish

G

1. book 2. cars 3. dishes
4. fox 5. knife 6. lady

[오디오 대본 & 해석]
1. There is a book on the desk.
책상 위에 책이 한 권 있다.
2. There are many cars on the street.
거리에 자동차들이 많이 있다.
3. Please do the dishes after dinner.
저녁 식사를 마친 후 설거지를 해 주세요.
4. Look at that fox. It's so big.
저 여우를 봐. 정말 크다.
5. Be careful when you use a knife.
칼을 사용할 때는 조심해라.
6. Mrs. Smith is a kind lady. She's my neighbor.
Smith 부인은 친절한 여성이다. 그녀는 나의 이웃이다.

H

1. /z/ 2. /iz/ 3. /iz/ 4. /s/ 5. /s/ 6. /z/

[오디오 대본]
1. cars, cars 2. boxes, boxes
3. benches, benches 4. books, books
5. caps, caps 6. chairs, chairs

I

dogs, wives, girls, toys, parties, peaches, boxes, classes

Unit 3 대명사 I you he

Check

p. 18

I love he. (I) I love him. (C)

Exercises

p. 20~21

A

1. He 2. It 3. We 4. You 5. She

[해석]
1. John은 나의 가장 친한 친구이다. 그는 매우 친절하다.
2. 그 가방은 새 것이다. 그것은 나의 것이다.
3. Cathy와 나는 음악을 사랑한다. 우리는 가수가 되고 싶다.
4. 너와 Nick은 친하다. 너희들은 좋은 친구들이다.
5. 그의 딸은 Helen이다. 그녀는 15살이다.

B

1. We 2. He 3. She 4. They
5. We 6. You 7. It 8. They

[해석]
1. 너와 나는 반 친구이다. 우리는 좋은 친구들이다.
2. Mike는 내 친구이다. 그는 매우 친절하다.
3. Sally도 내 친구이다. 그녀는 매우 영리하다.
4. Mike와 Sally는 나의 친구들이다. 그들은 훌륭하다.
5. Sam과 나는 스포츠를 좋아한다. 우리는 함께 축구를 한다.
6. 너와 Mary는 선물들을 가지고 있다. 너희들은 행복해 보인다.
7. 그 빵은 냄새가 좋다. 그것은 정말 맛있다.
8. 그 사자들은 동물원에 있다. 그것들은 물을 마신다.

C

1. me 2. you 3. him 4. her 5. it
6. us 7. them 8. him 9. her 10. them

D

1. him 2. her 3. them 4. them
5. her 6. us 7. them 8. it

[해석]

1. 나에게는 형이 있다. 나는 그를 많이 사랑한다.
2. 김 선생님에게는 딸이 있다. 그는 그녀를 매우 사랑한다.
3. 나는 이 선생님 부부를 안다. 나는 그들을 좋아한다.
4. 언니와 나는 조부모님을 방문한다. 우리는 그들을 사랑한다.
5. Paul의 누나는 Brown 씨를 알고 있다.
   그녀는 그녀를 좋아한다.
6. Kate는 나와 Mike에게 아주 잘 해준다.
   그녀는 우리를 많이 좋아한다.
7. 내 신발들이 어디 있지? 나는 그것들을 찾을 수가 없다.
8. 우리 아빠는 매우 오래된 재킷을 가지고 계신다.
   그는 그것을 입는 것을 좋아하신다.

p. 22~23

E

1. He, her 2. She, him
3. He, them 4. We, them
5. You, her 6. They, it

[해석]

1. David는 Anna를 좋아한다.
2. Elizabeth는 Steve를 알고 있다.
3. 이 선생님은 그의 아이들을 사랑한다.
4. Bill과 나는 불쌍한 사람들을 돕는다.
5. 너와 Ed는 Becky를 좋아한다.
6. 내 친구들은 야구를 한다.

F

1. he, He, him 2. you, I, it
3. we, We, it 4. you, we, them
5. he, He, them 6. She, They, us

[오디오 대본 & 해석]

1. A: Is that man your father?
   저 남자분이 너의 아버지이시니?
   B: No, he isn't. He is my uncle. I like him a lot.
   아니, 그렇지 않아. 그는 나의 삼촌이야.
   나는 그를 많이 좋아해.
2. A: What do you have in the bag?
   너는 그 가방 안에 무엇을 가지고 있니?
   B: I have an umbrella.
   나는 우산을 가지고 있어.
   I need it now.
   나는 지금 그것이 필요하거든.
3. A: Do you and your brother play basketball?
   너와 너의 형은 농구를 하니?
   B: Yes, we do. We play it every Sunday.
   응, 그래. 우리는 매주 일요일마다 농구를 해.
4. A: Do you and your sister like strawberries?
   너와 너의 여동생은 딸기를 좋아하니?
   B: Yes, we do. We eat them a lot.
   응, 좋아해. 우리는 딸기를 많이 먹어.
5. A: Does Paul know Jane's friends?
   Paul은 Jane의 친구들을 아니?
   B: Yes, he does. He knows them well.
   응, 그래. 그는 그들을 잘 알아.
6. A: What is Mom baking?
   엄마가 무엇을 굽고 계시니?
   B: She is baking cookies. They are for us.
   그녀는 과자를 굽고 계셔. 그것들은 우리를 위한 거야.

G

1. I 2. she 3. you 4. they
5. you 6. him 7. it 8. us

Review 1

p. 24~25

A

1. C 2. I 3. C 4. I 5. C

B

1. C 2. C 3. I 4. C 5. C

C

1. C 2. C 3. I 4. C 5. I

D

1. go 2. beautiful 3. buy 4. sing 5. old 6. kind

E

1. teacher, 주어 2. teacher, 목적어
3. teacher, 보어 4. China, 주어
5. ice cream, 목적어 6. singer, 보어

[해석]

1. 그 선생님은 친절하다.
2. 그녀는 그 선생님을 좋아한다.
3. 그는 선생님이다.
4. 중국은 크다.
5. 나는 아이스크림을 좋아한다.
6. 그녀는 유명한 가수이다.

F

1. classes 2. tigers 3. roofs 4. toys
5. shoes 6. hives 7. tomatoes 8. apples

G

1. ducks 2. ladies 3. hamster 4. daughters
5. leaves

[해석]
1. 연못에 오리들이 많이 있다.
2. 버스 정류장에 여성들이 세 명 있다.
3. Elizabeth는 애완 햄스터를 가지고 있다.
4. Lance 부인은 딸이 두 명 있다.
5. 많은 나뭇잎들이 나무에서 떨어진다.

H

1. She → We 2. him → them 3. Its → It
4. her → them 5. they → we

[해석]
1. A: 너와 너의 여동생은 무엇을 좋아하니?
B: 우리는 과자를 좋아해.
2. A: 김 선생님은 그의 아이들을 사랑하시니?
B: 그래, 그는 그들을 매우 사랑하셔.
3. A: 네 가방 어디에 있니?
B: 그것은 탁자 위에 있어.
4. A: Tom에게 누나들이 있니?
B: 그래, 있어. 그는 그녀들을 사랑해.
5. A: 너와 너의 친구들은 축구를 하니?
B: 그래, 우리는 축구를 해.

I

1. ○We, △him 2. ○He, △me
3. ○They, △you 4. ○You, △them
5. ○She, △it 6. ○I, △her

[해석]
1. 우리는 그를 사랑한다.
2. 그는 나를 안다.
3. 그들은 너를 좋아한다.
4. 너는 그것들을 산다.
5. 그녀는 그것을 먹는다.
6. 나는 그녀에게 전화한다.

Hip-Hop Chant

Bread, pepper, cheese, water, tea
Come on everyone sing with me.
Bread, pepper, cheese, water, tea
Sing the non-count nouns with me.

Rice, food, soup, coffee
Come on everyone sing with me.
Rice, food, soup, coffee
Sing the non-count nouns with me.

Sugar, salt, fruit, milk, meat
Learning through a song is really neat.

Music, homework, traffic, money
Come on everyone sing with me.
Music, homework, traffic, money
Sing the non-count nouns with me.

Furniture, weather, vocabulary
Come on everyone sing with me.
Furniture, weather, vocabulary
Sing the non-count nouns with me.

Information, mail, luck, jewelry
Come on everyone sing with me.
Information, mail, luck, jewelry
Sing the non-count nouns with me.

Wow! That was fun. That was a lot of fun.

Unit 4 be동사 am are is

Check

p. 28

I'm Korean. (C) He isn't a teacher. (C)

Exercises

p. 30~31

A

1. am 2. is 3. are 4. are 5. are 6. is

[해석]

1. 나는 행복하다.
2. 그는 배가 고프다.
3. 그들은 피곤하다.
4. 너는 훌륭하다.
5. 우리는 배가 고프지 않다.
6. 그녀는 목이 마르지 않다.

B

1. is 2. are 3. is 4. are 5. are
6. is 7. are 8. is 9. is 10. are

[해석]

1. Tom은 나의 가장 친한 친구이다.
2. Tom과 Jack은 나의 가장 친한 친구들이다.
3. 우리 할아버지는 똑똑하시다.
4. 우리 조부모님은 상냥하시다.
5. 저 양말은 새 것이다.
6. Nick은 교실에 있다.
7. 많은 오렌지들이 바구니 안에 있다.
8. Emma는 학교에 있다.
9. 그 책은 소파 위에 있다.
10. Jenny와 John은 집에 있다.

C

1. aren't 2. I'm 3. He's 4. isn't
5. They're 6. aren't 7. You're 8. I'm

[해석]

1. 너는 무용수가 아니다.
2. 나는 목이 마르고 배가 고프다.
3. 그는 인기 있는 가수이다.
4. 겨울은 덥지 않다.
5. 그들은 나의 친구들이다.
6. 홍학은 검은색이 아니다.
7. 너는 훌륭한 학생이다.
8. 나는 피곤하지 않다.

D

1. aren't, are 2. are, aren't 3. isn't, is
4. is, isn't 5. aren't, are 6. isn't, is
7. are, aren't 8. is, isn't

[해석]

1. 거북이들은 빠르지 않다. 그것들은 느리다.
2. 코끼리들은 크다. 그것들은 작지 않다.
3. 크리스마스는 5월에 있지 않다. 그것은 12월에 있다.
4. 여름은 덥다. 여름은 춥지 않다.
5. 기린들은 키가 작지 않다. 그것들은 키가 크다.
6. 오렌지는 길지 않다. 그것은 둥글다.
7. 아기들은 어리다. 그들은 나이가 많지 않다.
8. 할아버지는 나이가 많으시다. 그는 젊지 않으시다.

p. 32~33

E

1. ~이다 2. ~에 있다 3. ~에 있다
4. ~이다 5. ~이지 않다 6. ~에 있지 않다
7. ~이지 않다 8. ~에 있지 않다

[해석]

1. 내 책상은 매우 크다.
2. Angela는 침실에 있다.
3. 그 책들이 책상 위에 있다.
4. 이 사과들은 초록색이다.
5. 그의 배낭은 그리 튼튼하지 않다.
6. Jenny와 John은 체육관에 없다.
7. Black 씨는 젊지 않다.
8. 그 고양이들은 공원에 없다.

F

1. is 2. am 3. am 4. is
5. am 6. is 7. are 8. are

[해석]

1. 내 이름은 Jenny이다.
2. 나는 미국인이다.
3. 나는 학생이다.
4. 나의 동생인 John도 학생이다.
5. 나는 11살이다.
6. 내가 가장 좋아하는 색은 초록색이다.
7. 내가 가장 좋아하는 운동은 축구와 야구이다.
8. 우리 엄마는 작가이시고, 우리 아빠는 디자이너이시다. 그분들은 매우 친절하시다.

G

1. She's 2. isn't 3. It's 4. We're
5. I'm 6. They're 7. aren't 8. He's

[오디오 대본 & 해석]

1. Miss Song is a teacher. She's my music teacher.
   송 선생님은 선생님이시다. 그녀는 나의 음악 선생님이시다.

2. Mr. Han isn't an English teacher.
한 선생님은 영어 선생님이 아니시다.
He's a math teacher.
그는 수학 선생님이시다.
3. The bag is on the table. It's Jane's bag.
가방이 탁자 위에 있다. 그것은 Jane의 가방이다.
4. Mike and I are happy together. We're good friends.
Mike와 나는 함께 있어 행복하다. 우리는 좋은 친구들이다.
5. Are you from Korea? Yes. I'm from Korea.
너는 한국에서 왔니? 그래. 나는 한국에서 왔어.
6. The girls are my friends. They're very smart.
그 소녀들은 나의 친구들이다. 그들은 매우 영리하다.
7. Jenny and John are at home. They aren't at school.
Jenny와 John은 집에 있다. 그들은 학교에 없다.
8. My dad isn't in the living room.
우리 아빠는 거실에 안 계시다.
He's in the bedroom.
그는 침실에 계시다.

H

1. Coco is in her box.
2. Coco's boxes are very big.

[해석]
1. Coco는 그녀의 상자 안에 있다.
2. Coco의 상자들은 매우 커다랗다.

Unit 5 일반동사 have like watch study

Check

p. 34

Ms. Han teaches English. (C)
She doesn't teaches math. (I)

Exercises

p. 36~37

A

1. eat 2. eats 3. watches 4. watch
5. study 6. studies 7. have 8. has

[해석]
1. 나는 매일 아침을 먹는다.
2. 그는 매일 점심을 먹는다.
3. 그녀는 밤에 TV를 본다.
4. 우리는 저녁에 TV를 본다.
5. 그 아이들은 수학을 공부한다.
6. 그 아이는 과학을 공부한다.
7. Ted와 Bill은 장난감을 많이 가지고 있다.
8. Ted는 빨간 자전거를 한 대 가지고 있다.

B

1. don't 2. don't 3. doesn't 4. doesn't

[해석]
1. 나의 친구들과 나는 커피를 마시지 않는다.
우리는 우유를 마신다.
2. Kevin과 Jake는 스페인어를 하지 않는다.
그들은 영어를 한다.
3. 할아버지는 오렌지를 좋아하지 않으신다.
그는 오렌지 주스를 좋아하신다.
4. Tim은 저녁에 공원에 가지 않는다.
그는 아침에 그곳에 간다.

C

1. doesn't like 2. doesn't like
3. don't like 4. don't study
5. doesn't read 6. don't play
7. doesn't teach 8. doesn't kiss

[해석]
1. Adam은 사과를 좋아한다.
Adam은 바나나를 좋아하지 않는다.
2. Eve는 사과를 좋아한다.
Eve는 바나나를 좋아하지 않는다.
3. Adam과 Eve는 사과를 좋아한다.
Adam과 Eve는 바나나를 좋아하지 않는다.
4. 나는 매일 밤 수학을 공부한다.
나는 매일 밤 음악을 공부하지 않는다.
5. Bill은 매일 책을 한 권 읽는다.
Bill은 잡지를 매일 읽지 않는다.
6. 우리는 함께 축구를 한다.
우리는 함께 야구를 하지 않는다.
7. 박 선생님은 과학을 가르친다.
박 선생님은 영어를 가르치지 않는다.
8. 이 선생님은 그의 아이에게 뽀뽀한다.
이 선생님은 그의 개에게 뽀뽀하지 않는다.

D

1. eats 2. eat 3. speaks 4. has
5. study 6. plays 7. bakes 8. cries

[해석]
1. Steve는 아침 식사로 밥을 먹지 않는다.
Steve는 빵을 먹는다.
2. 그들은 저녁 식사로 시리얼을 먹지 않는다.
그들은 아침 식사로 시리얼을 먹는다.
3. Yoko는 중국어를 하지 않는다.
Yoko는 일본어를 한다.

4. 그 의사는 개를 가지고 있지 않다.
그 의사는 고양이를 가지고 있다.
5. 우리 형들은 수학을 공부하지 않는다.
우리 형들은 음악을 공부한다.
6. 할머니는 피아노를 연주하지 않으신다.
할머니는 바이올린을 연주하신다.
7. 엄마는 과자를 굽지 않으신다.
엄마는 케이크를 구우신다.
8. 그 아기는 밤에 울지 않는다.
그 아기는 아침에 운다.

p. 38~39

E

1. have → has	2. goes → go
3. study → studies	4. go → goes
5. don't → doesn't	6. drinks → drink
7. doesn't → don't	8. don't → doesn't
9. has → have	10. has → have

[해석]

1. 그녀는 머리카락이 아름답다.
2. 나는 8시 30분에 학교에 간다.
3. 우리 오빠는 수학을 공부한다.
4. Minsu는 공원에 간다.
5. 할아버지께서는 커피를 마시지 않으신다.
6. 할머니께서는 커피를 마시지 않으신다.
7. 그들은 커피를 마시지 않는다.
8. 나의 친구는 프랑스어를 할 줄 모른다.
9. 새들은 날개를 가지고 있다.
10. 토끼는 긴 꼬리를 가지고 있지 않다.

F

1. brushes	2. washes	3. have
4. study	5. does	6. goes

[해석]

1. 그녀는 이를 닦는다.
2. 그녀는 손을 씻는다.
3. 그들은 빨간 자동차를 가지고 있다.
4. 그들은 학교에서 공부한다.
5. 그는 숙제를 한다.
6. 그는 일찍 자러 간다.

G

1. a 2. b 3. a 4. b 5. b 6. b 7. a 8. a

[오디오 대본 & 해석]

1. He studies English. 그는 영어를 공부한다.
2. The girls go to church. 그 소녀들은 교회에 간다.
3. The boy brushes his teeth. 그 소년은 이를 닦는다.
4. Amy and I like bananas.
Amy와 나는 바나나를 좋아한다.
5. We don't like cookies. 우리는 과자를 좋아하지 않는다.
6. Jack doesn't play soccer. Jack은 축구를 하지 않는다.
7. Dad kisses his child.
아빠는 그의 아이에게 뽀뽀를 하신다.
8. Ted does his homework. Ted는 숙제를 한다.

H

1. I don't have a pet.
2. My friend doesn't like cake.

[해석]

1. 나는 애완동물을 가지고 있지 않다.
2. 내 친구는 케이크를 좋아하지 않는다.

Unit 6 의문문 Are you~? Do you~?

Check

p. 40

Is he happy? (C) Do he loves her? (I)

Exercises

p. 42~43

A

1. Are you	2. Is she	3. Are the trees
4. Is the book	5. Is Linda	6. Are they

[해석]

1. 너는 한국인이다. → 너는 한국인이니?
2. 그녀는 가수이다. → 그녀는 가수니?
3. 그 나무들은 키가 크다. → 그 나무들은 키가 크니?
4. 그 책은 재미있다. → 그 책은 재미있니?
5. Linda는 집에 있다. → Linda는 집에 있니?
6. 그들은 학교에 있다. → 그들은 학교에 있니?

B

1. he is	2. No, not	3. I'm not
4. is not	5. she is	6. they aren't / they're not

[해석]

1. 김 선생님이 너의 선생님이시니? / 응, 맞아.
2. 이 선생님이 수학 선생님이시니? / 아니, 그렇지 않아.
3. 너는 목이 마르니? / 아니, 그렇지 않아.
4. 그 아기는 배가 고프니? / 아니, 그렇지 않아.
5. Mary는 공원에 있니? / 응, 맞아.
6. 그들은 상점에 있니? / 아니, 그렇지 않아.

C

1. Do you like
2. Does he like
3. Does it snow
4. Does Ms. Han cook
5. Do they eat
6. Do you sing

[해석]

1. 너는 야구를 좋아한다. → 너는 야구를 좋아하니?
2. 그는 축구를 좋아한다. → 그는 축구를 좋아하니?
3. 겨울에 눈이 내린다. → 겨울에 눈이 내리니?
4. 한 선생님은 요리를 잘하신다. → 한 선생님은 요리를 잘하시니?
5. 그들은 점심을 먹는다. → 그들은 점심을 먹니?
6. 너희들은 함께 노래를 부른다.
   → 너희들은 함께 노래를 부르니?

D

1. Does 2. Is 3. Does 4. Is
5. Are 6. Is 7. Does 8. Do

[해석]

1. Ben은 영국에 사니? / 응, 그래.
2. Ben은 목이 마르니? / 아니, 그렇지 않아.
3. 너의 아빠는 커피를 드시니? / 응, 그러셔.
4. 너의 엄마는 피곤하시니? / 아니, 그렇지 않으셔.
5. 그 아이들은 행복하니? / 아니, 그렇지 않아.
6. 그녀의 아버지는 키가 크시니? / 응, 그러셔.
7. 그들의 아들은 학교에 가니? / 응, 그래.
8. 그들의 아들들은 학교에 가니? / 아니, 그렇지 않아.

p. 44~45

E

1. Do → Are
2. he's → he is
3. doesn't → isn't
4. we → they
5. Do → Does
6. aren't → don't
7. Anna → she
8. Do → Does

[해석]

1. A: 너는 학생이니? / B: 응, 그래.
2. A: 너의 아버지는 예술가이시니? / B: 응, 그래.
3. A: Mike는 미국인이니? / B: 아니, 그렇지 않아.
4. A: 너의 친구들은 친절하니? / B: 응, 그래.
5. A: 너의 아버지는 영어로 말하시니? / B: 응, 그러셔.
6. A: 그의 부모님은 TV를 보시니? / B: 아니, 그렇지 않아.
7. A: Anna는 테니스를 치니? / B: 응, 그래.
8. A: Harry는 자전거를 갖고 있니? / B: 아니, 그렇지 않아.

F

1. d 2. a 3. c 4. b

[해석]

1. 너는 화가 났니? / 아니, 그렇지 않아.
2. 제가 늦었나요? / 아니, 그렇지 않아.
3. 너희들은 스포츠를 좋아하니? / 응, 그래.
4. 그 아이들은 케이크를 원하니? / 응, 그래.

G

1. b 2. c 3. b 4. c 5. c 6. b

[오디오 대본 & 해석]

1. Are you sleepy? 너는 졸리니?
2. Is he a student? 그는 학생이니?
3. Does Tom run fast? Tom은 빨리 달리니?
4. Does Paul ride a bike? Paul은 자전거를 타니?
5. Are Mr. and Mrs. Brown nice people?
   Brown 씨 부부는 좋은 분들이니?
6. Do you call your grandpa?
   너는 너의 할아버지께 전화를 드리니?

H

1. Is Jenny happy?
2. Does John like stars?

[해석]

1. Jenny는 행복하니?
2. John은 별을 좋아하니?

Review 2

p. 46~47

A

1. C 2. C 3. I 4. C 5. C

B

1. C 2. C 3. I 4. C 5. C

C

1. C 2. C 3. C 4. I 5. C

D

1. is 2. am 3. are 4. are 5. is
6. is 7. am 8. are 9. is 10. are

[해석]

1. 그는 나의 남동생이다.
2. 나는 11살이다.
3. 그것들은 기린이다.
4. 그와 나는 친구이다.
5. 나의 선생님은 학교에 계신다.
6. 이 가방은 나의 것이다.
7. 나는 목이 마르지 않다.
8. 그 나무들은 크다.
9. Jenny는 나의 누나다.
10. 너는 매우 멋지다.

E

1. I'm not
2. you're not
3. he's
4. she isn't

5. it's
6. we're not
7. you aren't
8. they're

p. 48~49

F

1. drink → drinks / buy → buys / like → likes
2. watch → watches / brush → brushes
3. study → studies / try → tries
4. have → has

G

1. doesn't like
2. don't brush
3. washes
4. doesn't go
5. study
6. cries

[해석]

1. 그는 딸기를 좋아한다.
   ↔ 그는 딸기를 좋아하지 않는다.
2. 그들은 이를 닦는다.
   ↔ 그들은 이를 닦지 않는다.
3. 그녀는 설거지를 한다.
   ↔ 그녀는 설거지를 하지 않는다.
4. 그는 8시에 학교에 간다.
   ↔ 그는 8시에 학교를 가지 않는다.
5. 우리는 함께 공부한다.
   ↔ 우리는 함께 공부하지 않는다.
6. 그 아기는 밤에 운다.
   ↔ 그 아기는 밤에 울지 않는다.

H

1. I – Are you tired?
2. C
3. C
4. I – Do you like ice cream?
5. I – Does he love her?
6. I – Does she love him?

[해석]

1. 너는 피곤하니?
2. 그 소년들은 영리하니?
3. 그의 손은 크니?
4. 너는 아이스크림을 좋아하니?
5. 그는 그녀를 사랑하니?
6. 그녀는 그를 사랑하니?

I

1. I 2. you 3. she 4. we 5. they 6. she

[해석]

1. 너는 졸리니? / 응, 그래.
2. 내가 틀렸니? / 아니, 그렇지 않아.
3. Anna는 집에 있니? / 응, 그래.
4. 너와 Tom은 친구이니? / 응, 그래.
5. 너의 부모님은 너를 사랑하시니? / 응, 그래.
6. Mary는 음악을 사랑하니? / 아니, 그렇지 않아.

Hip-Hop Chant

Do you have books?
Do you have a bike?
We have books.
But we don't have a bike.

Do you have books?
Do you have a bike?
We have books.
But we don't have a bike.

Does he look at the stars?
Does he watch TV?
He looks at the stars.
He doesn't watch TV.

Does he look at the stars?
Does he watch TV?
He looks at the stars.
He doesn't watch TV.

Do they study math?
Do they study music?
They study math.
They study music.

Do they study math?
Do they study music?
They study math.
They study music.

Do you look at the stars?
Do you have any books?
Do you study music and math?

Do you look at the stars?
Do you have any books?
Do you study music and math?

We look at the stars.
We have some books.
And we study music and math.

We look at the stars.
We have some books.
And we study music and math.

Unit 7 관사 a an the

Check

p. 50

a, The

Exercises

p. 52~53

A

1. an 2. an 3. x 4. x 5. a
6. a 7. an 8. a 9. a 10. X

[해석]

1. 동물원에 코끼리 한 마리가 있다.
2. 나는 달걀을 하나 먹고 싶다.
3. 나는 달걀들을 먹고 싶다.
4. 그는 과자들을 먹고 싶다.
5. 그는 과자를 하나 먹고 싶다.
6. John은 똑똑한 학생이다.
7. Jane은 정직한 학생이다.
8. 나의 언니는 고등학생이다.
9. 나의 오빠는 대학생이다.
10. 나의 엄마는 커피를 드신다.

B

a : computer, bike, banana, carrot, university
an : apple, orange, airplane, aunt, uncle
the: sun, moon, Earth

C

1. a 2. a, The 3. The 4. A, a
5. the, the 6. a, the 7. the, the 8. the
9. the 10. The, The, a

[해석]

1. Jennifer는 매일 학교에 버스를 타고 간다.
2. Mary는 펜이 하나 있다. 그 펜은 파란색이다.
3. Mike가 운동화를 한 켤레 보여준다. 그 운동화는 새 것이다.
4. 예쁜 한 소녀가 우리 집 앞에서 자전거를 탄다.
5. 그것은 태양이니, 달이니?
6. Ann은 빨간색 드레스를 입고 있다.
   그녀는 그 드레스를 좋아한다.
7. Kenji는 피아노를 치고, Jason은 기타를 친다.
8. A: Susan은 어디에 있니? / B: 그녀는 거실에 있어.
9. A: 지하철역은 어디에 있나요? / B: 직진 하세요.
10. A: 하늘은 파랗다. 태양은 뜨겁다.
    B: 그래. 아주 멋진 여름 날이야.

D

1. the 2. an 3. a 4. the 5. a
6. the 7. an 8. a 9. an 10. an

[오디오 대본 & 해석]

1. Look at the lion. It's big.
   그 사자를 봐. 그것은 크다.
2. I have an uncle.
   나는 삼촌이 한 명 있다.
3. There's a hamburger on the table.
   탁자 위에 햄버거가 한 개 있다.
4. The hamburger looks yummy.
   그 햄버거는 맛있어 보인다.
5. Mike has a new bag. It's blue.
   Mike는 새 가방을 가지고 있다. 그것은 파란색이다.
6. Mike has new shoes. The shoes are green.
   Mike는 새 신발을 가지고 있다. 그 신발은 초록색이다.
7. Dad has an umbrella.
   아빠는 우산을 하나 가지고 계신다.
8. Mom has a yellow umbrella.
   엄마는 노란 우산을 하나 가지고 계신다.
9. I have an honest friend.
   나에게는 정직한 친구가 한 명 있다.
10. Look! There is an elephant. It's so big.
    봐! 코끼리가 한 마리 있어. 그것은 아주 커.

Unit 8 지시대명사 this that

Check

p. 54

this shirt, these sneakers, those dolls

Exercises

p. 56~57

A

1. a 2. b 3. b 4. a 5. b 6. b 7. a 8. b

[해석]

1. 이것은 접시이다. - a. 이것들은 접시들이다.
2. 저것은 얼룩말이다. - b. 저것들은 얼룩말들이다.
3. 이것은 나의 책상이다. - b. 이것들은 나의 책상들이다.
4. 저것은 깡통이다. - a. 저것들은 깡통들이다.
5. 이것은 빨간 여우이다. - b. 이것들은 빨간 여우들이다.
6. 저것은 오래된 칼이다. - b. 저것들은 오래된 칼들이다.
7. 이것은 그의 모자이다. - a. 이것들은 그의 모자들이다.
8. 저것은 그 도시이다. - b. 저것들은 그 도시들이다.

B

1. those boxes
2. these countries
3. this dog
4. that bench
5. these tomatoes
6. those butterflies
7. these leaves
8. this orange
9. that scarf

C

1. 지시형용사 2. 지시대명사 3. 지시대명사
4. 지시형용사 5. 지시형용사 6. 지시대명사
7. 지시형용사 8. 지시대명사

[해석]

1. 이 숙녀분은 나의 이모이시다.
2. 이분은 나의 이모이시다.
3. 저분은 나의 음악 선생님이시다.
4. 저 남자는 나의 음악 선생님이시다.
5. 이 책은 재미있다.
6. 이것은 재미있는 책이다.
7. 저 셔츠는 나의 것이 아니다.
8. 저것은 나의 셔츠가 아니다.

D

1. e 2. h 3. c 4. b 5. d 6. g 7. f 8. a

p. 58~59

E

1. a 2. b 3. a 4. b 5. a

[해석]

1. 이것은 노란색 버스이다. - 이 버스는 노란 색이다.
2. 저것은 나의 치마이다. - 저 치마는 나의 것이다.
3. 저것은 오래된 집이다. - 저 집은 오래 되었다.
4. 이 연필들은 나의 것이다.- 이것들은 나의 연필이다.
5. 저 소년들은 진절하다. - 저 아이들은 친절한 소년들이다.

F

1. This 2. those 3. These 4. That

[해석]

1. 이것은 나의 그림이에요. 2. 저 펭귄들을 봐!
3. 이것들은 내 개들이에요. 4. 저 집은 매우 크다.

G

1. that 2. this 3. those 4.this 5. these
6. that 7. those 8. that 9. these 10. this

[오디오 대본 & 해석]

1. That is my house.
저것은 우리 집이다.
2. Is this your phone?
이것은 너의 전화기니?
3. Those are not her pencils.
저것들은 그녀의 연필이 아니다.
4. This isn't his computer.
이것은 그의 컴퓨터가 아니다.
5. These are Janet's dolls.
이것들은 Janet의 인형이다.
6. That isn't Linda's sister.
저 아이는 Linda의 여동생이 아니다.
7. Are those pants too big?
저 바지는 너무 크니?
8. Is that Vicky's mother?
저 분이 Vicky의 어머니이시니?
9. Are these your tennis shoes?
이것들은 너의 테니스 신발이니?
10. This baby is pretty.
이 아기는 예쁘다.

H

This is my sweater. These are my socks.
That is his shirt. Those are her gloves.

[해석]

이것은 나의 스웨터이다. 이것들은 나의 양말이다.
저것은 그의 셔츠이다. 저것들은 그녀의 장갑이다.

Unit 9 유도부사 There + be동사

Check

p. 60

There is a car on the street. (C)
There is many cars on the street. (I)

Exercises

p. 62~63

A

1. some books, are
2. an old book, is
3. a little house, is
4. a tall tree, is
5. green socks,are
6. a blue shirt, is
7. colorful shoes, are
8. glasses, are

[해석]

1. 책상 위에 책이 몇 권 있다.
2. 내 책상 위에 오래된 책이 한 권 있다.
3. 언덕에 작은 집이 한 채 있다.
4. 집 옆에 키가 큰 나무가 한 그루 있다.
5. 침대 위에 초록색 양말이 있다.
6. 소파 위에 파란색 셔츠가 하나 있다.
7. 가게에 화려한 신발들이 있다.
8. 탁자 위에 안경이 있다.

B

1. a huge lion
   There is not a huge lion at the zoo.
2. many people
   There are not many people at the station.
3. a school bus
   There is not a school bus on the street.
4. 100 students
   There are not 100 students in the library.
5. fresh bread
   There is not fresh bread at the bakery.

[해석]

1. 동물원에 거대한 사자가 있다.
   - 동물원에 거대한 사자가 없다.
2. 기차역에 많은 사람들이 있다.
   - 기차역에 사람들이 많지 않다.
3. 거리에 학교 버스가 있다.
   - 거리에 학교 버스가 없다.
4. 도서관에 100명의 학생들이 있다.
   - 도서관에 100명의 학생들이 없다.
5. 제과점에 신선한 빵이 있다.
   - 제과점에 신선한 빵이 없다.

C

1. Are there many children in the classroom?
2. Are there good movies at the theater?
3. Is there a big goose on the farm?
4. Are there brave students in your class?
5. Is there a comfortable sofa in the living room?

[해석]

1. 교실에 아이들이 많이 있니?
2. 영화관에 좋은 영화들이 있니?
3. 농장에 커다란 거위가 있니?
4. 너의 반에 용감한 학생들이 있니?
5. 거실에 편안한 소파가 있니?

p. 64~65

D

1. e 2. f 3. a 4. b 5. d 6. c

[해석]

1. 나무에 원숭이가 다섯 마리 있다.
2. 그 서점에는 좋은 책이 많지 않다.
3. 냉장고에 차가운 물이 있다.
4. 너의 반에 새로운 학생이 있니?
5. 그 영화관에 재미있는 영화가 있니?
6. 커다란 탁자 위에 오렌지가 한 개 있다.

E

1. Yes, there is. 2. No, there aren't.
3. No, there isn't. 4. Yes, there are.

[해석]

1. A: 바구니에 빵이 있니?	B: 응, 있어.
2. A: 탁자 아래 소녀들이 있니?	B: 아니, 없어.
3. A: 물컵에 물이 있니?	B: 아니, 없어.
4. A: 접시에 샌드위치가 있니?	B: 응, 있어.

F

[오디오 대본 & 해석]

1. There is a barn on the farm.
   농장에 헛간이 있다.
2. There are many apples in the tree.
   나무에 사과들이 많이 있다.
3. There are three sheep on the hill.
   언덕 위에 양이 세 마리 있다.
4. There is a truck on the road.
   길 위에 트럭이 한 대 있다.
5. There are three ducks in the pond.
   연못에 오리가 세 마리 있다.
6. There are some pigs in the mud.
   진흙에 돼지가 몇 마리 있다.
7. There are two horses in the fields.
   들판에 말이 두 마리 있다.
8. There is a frog near the pond.
   연못 근처에 개구리가 한 마리 있다.

G

1. 3 2. 1 3. 2 4. 1 5. 2 6. 2

Review 3

p. 66~67

A

1. C 2. C 3. C 4. I 5. C

B

1. I 2. C 3. C 4. I 5. C

C

1. C 2. C 3. I 4. C 5. C

D

1. a eraser → an eraser
2. uncle → an uncle
3. a juice → juice
4. an university → a university
5. an uniform → a uniform
6. a bread → bread

[해석]

1. 나는 연필, 자, 그리고 지우개를 원한다.
2. 나는 삼촌이 한 명 있다. 그는 예술가이다.
3. 이 선생님은 아침에 주스를 마신다.
4. 그의 누나는 대학생이다.
5. 그녀는 교복을 입지 않는다.
6. Jennifer는 아침 식사로 빵을 먹는다.

E

1. b 2. b 3. a 4. c 5. a 6. c

[해석]

1. 지구는 둥글다.
2. 태양은 뜨겁다.
3. 차가 한 대 있다. 그 차는 빠르다.
4. 나는 피아노를 칠 수 있다.
5. 나는 개를 한 마리 가지고 있다. 나는 그 개를 좋아한다.
6. 그는 바이올린을 연주할 수 있다.

p. 68~69

F

1. These, b 2. This, c 3. That, e
4. Those, d 5. This, a 6. That, f

G

2, 3, 6, 7

[해석]

1. 이것은 내가 가장 좋아하는 셔츠이다.
2. 저 재킷은 오래 되었다.
3. 이 셔츠는 새 것이다.
4. 저것은 그의 오래된 재킷이다.
5. 이것은 그들의 집이다.
6. 저 청바지는 나의 것이다.
7. 이 집은 크다.
8. 저것들은 나의 청바지이다.

H

1. There isn't (is not) a big tree in the garden.
2. There aren't (are not) many children at the park.
3. There are many leaves on the street.
4. There is an orange on the table.

[해석]

1. 정원에 커다란 나무가 한 그루 있다.
   → 정원에 커다란 나무가 없다.
2. 공원에 아이들이 많이 있다.
   → 공원에 아이들이 많지 않다.
3. 거리에 나뭇잎이 많지 않다.
   → 거리에 나뭇잎들이 많이 있다.
4. 탁자 위에 오렌지가 없다.
   → 탁자 위에 오렌지가 한 개 있다.

I

1. c 2. a 3. b 4. d

[해석]

1. 그 은행에 여자가 한 명 있니?
2. 그 상점에 사과가 많이 있니?
3. 그 농장에는 말이 없다.
4. 그 꽃병에는 꽃이 많지 않다.

Hip-Hop Chant

This, that, these, those
This, that, these, those

Whose bag is this?
It's his bag.
Whose bag is that?
It's her bag.
Whose bag is this?
It's his bag.
Whose bag is that?
It's her bag.

This, that, these, those
This, that, these, those

Whose gloves are these?
They're my gloves.
Whose gloves are those?
They're your gloves.
Whose gloves are these?
They're my gloves.
Whose gloves are those?
They're your gloves.

This, that, these, those
This, that, these, those

This and that, these and those
This and that, these and those

This and that, these and those
This and that, these and those

Unit 10 형용사 pretty happy big

Check

p. 70

□ - house, teacher ○ - new, kind

Exercises

p. 72~73

1. honest - 성질 2. hungry - 상태 3. black - 색깔
4. big - 크기 5. green - 색깔 6. thirsty - 상태

[해석]

1. 그는 정직한 소년이다.
2. 그녀는 배가 고프다.
3. 그의 신발은 검은색이다.
4. 그 집은 크다.
5. 그 초록색 모자는 나의 것이다.
6. Kenji는 매우 목이 마르다.

B

1. fast car 2. new shoes 3. pretty dress
4. honest boy 5. old house 6. hot tea
7. little cat 8. brave boy 9. wonderful day
10. brown dog

[해석]

1. 나는 빠른 차가 필요하다.
2. 나는 새 신발을 살 것이다.
3. 나는 예쁜 드레스를 원한다.
4. John은 정직한 소년이다.
5. Amy는 오래된 집에 산다.
6. 할머니께서는 뜨거운 차를 드신다.
7. 그 작은 고양이는 Tom의 것이다.
8. Nick은 용감한 소년이다.
9. 멋진 날이다.
10. 그는 갈색 개를 가지고 있다.

1. c 2. e 3. a 4. b 5. f 6. d

D

1. There are beautiful flower in the vase.
2. There are not big rooms in the house.
3. I have a cute dog.
4. The tall building is a hotel.
5. The heavy bag is mine.
6. She likes sweet cookies.

[해석]

1. 꽃병에는 아름다운 꽃들이 있다.
2. 그 집에는 큰 방이 없다.
3. 나는 귀여운 개를 가지고 있다.
4. 그 높은 빌딩은 호텔이다.
5. 그 무거운 가방은 나의 것이다.
6. 그녀는 달콤한 과자를 좋아한다.

p. 74~75

1. a great dancer 2. The fast car
3. nothing special 4. a famous doctor
5. a nice restaurant 6. something sweet

1. long 2. red 3. tired
4. orange 5. old 6. surprised

[해석]

1. 그녀는 머리카락이 길다. 2. 사과는 빨간색이다.
3. 그 소년은 피곤하다. 4. 당근은 주황색이다.
5. 그녀의 할머니는 늙으셨다. 6. 그는 그 소식에 놀랐다.

a. 6 b. 2 c. 4 d. 5 e. 1 f. 3

[오디오 대본 & 해석]

1. Mom is wearing a red dress and red shoes.
   엄마는 빨간 원피스와 빨간 신발을 신고 있다.
2. The boy is wearing blue pants and a purple cap.
   소년은 파란색 바지를 입고 보라색 모자를 쓰고 있다.
3. His uncle is tall. He is a nice man.
   그의 삼촌은 키가 크다. 그는 좋은 남자이다.
4. His younger sister is pretty. She is a smart girl.
   그의 여동생은 예쁘다. 그녀는 똑똑한 소녀이다.
5. The baby is cute. She is small.
   아기는 귀엽다. 그녀는 작다.
6. Grandma is old. She is very kind.
   할머니는 늙으셨다. 그녀는 매우 친절하시다.

happy, hot, tall, big, young, fresh, long, cool

Unit 11 수량형용사 many much

Check

p. 76

many, some

Exercises

p. 78~79

A

1. c, e, f 2. a, b, d

B

1. many 2. much 3. many
4. many 5. much 6. much

[해석]
1. 그는 장난감을 많이 가지고 있다.
2. 설탕을 많이 먹지 마라.
3. Ben은 사과를 많이 먹는다.
4. Ann은 많은 친구를 만난다.
5. 나는 시간이 많지 않다.
6. 그는 우유를 많이 마시지 않는다.

C

1. a few 2. few 3. few
4. Few 5. Few 6. a few

[해석]
1. Kevin은 동물을 사랑한다.
그는 개와 고양이를 몇 마리 가지고 있다.
2. Steve는 친절하지 않다. 그는 친구가 거의 없다.
3. Ed는 똑똑하다. 그는 실수를 거의 하지 않는다.
4. 그 반은 조용하다. 학생들이 거의 떠들지 않는다.
5. 저 가수는 유명하지 않다. 사람들이 그를 거의 모른다.
6. Jill은 책 읽는 것을 좋아한다.
그녀는 가방에 항상 책을 몇 권 가지고 다닌다.

D

1. a little 2. little 3. little
4. a little 5. a little 6. little

[해석]
1. 나는 돈을 조금 갖고 있다. 나는 저 펜을 살 수 있다.
2. Mike는 돈이 거의 없다. 그는 새 차를 살 수 없다.
3. Grace는 매우 바쁘다. 그녀는 낭비할 시간이 거의 없다.
4. Jake는 너를 도울 것이다. 그는 시간이 조금 있다.
5. 비가 오기 시작한다. 오늘 비가 조금 올 것이다.
6. 날씨가 덥고 건조하다. 올 여름엔 비가 거의 오지 않는다.

p. 80~81

E

1. some, 긍정문 2. any, 부정문 3. any, 의문문
4. some, 권유문 5. any, 부정문 6. some, 긍정문

[해석]
1. 나는 음료수를 조금 마신다.
2. 나는 시간이 전혀 없다.
3. 너는 책을 좀 읽니?
4. 설탕을 좀 넣으시겠어요?
5. 그는 홍차를 전혀 좋아하지 않는다.
6. 나는 몇몇 동물들을 본다.

F

1. many 2. some 3. a few
4. any 5. a little 6. lots of

[해석]
1. 딸기가 많이 있다.
2. 커피를 좀 드시겠어요?
3. 체리가 약간 있다.
4. 그는 신발을 갖고 있지 않다.
5. 물이 조금 있다.
6. 주스가 많이 있다.

G

1. b 2. a 3. a 4. a 5. b 6. a 7. b 8. a

[오디오 대본 & 해석]
1. Ben has few books.
Ben은 책을 거의 가지고 있지 않다.
2. Harry knows a few girls.
Harry는 소녀들을 몇 명 알고 있다.
3. Would you like some juice?
주스를 좀 마시겠니?
4. He doesn't need much money.
그는 돈이 많이 필요하지 않다.
5. I don't like any vegetables.
나는 채소를 전혀 좋아하지 않는다.
6. Does he have many friends?
그는 친구가 많니?
7. He has little water.
그는 물을 거의 가지고 있지 않다.
8. There is a little tea in the cup.
컵에 차가 약간 있다.

H

some, much, many, any, little, few

Unit 12 부사 slowly fast very

Check

p. 82

○ - old, good △ - early, very

Exercises

p. 84~85

A

1. slowly 2. fast 3. quietly 4. very
5. well 6. easily 7. happily 8. beautifully
9. early 10. really

[해석]

1. 거북이는 느리게 움직인다.
2. 비행기는 빠르게 날아간다.
3. 그녀는 조용히 말한다.
4. 그녀는 매우 좋은 무용수이다.
5. David는 노래를 잘한다.
6. 그는 숙제를 쉽게 한다.
7. 그 아기는 행복하게 웃는다.
8. Miranda는 아름답게 걷는다.
9. John은 일찍 일어난다.
10. John은 곤충을 정말 좋아한다.

B

1. nicely 2. happy 3. carefully 4. quick
5. luckily 6. early 7. loud 8. angrily
9. safely 10. good 11. quiet 12. kindly

C

1. very fast 2. runs fast 3. really good
4. swims well 5. very early 6. gets up early
7. fly high 8. come late 9. very hard
10. works hard 11. Sadly, he died. 12. walks slowly

[해석]

1. 그는 매우 빠른 달리기 선수이다.
2. 그는 빠르게 달린다.
3. 그는 정말 좋은 수영 선수이다.
4. 그는 수영을 잘한다.
5. 그는 매우 부지런한 사람이다.
6. 그는 일찍 일어난다.
7. 새들은 높이 난다.
8. 그들은 늦게 온다.
9. 그는 매우 열심히 일하는 사람이다.
10. 그는 열심히 일한다.
11. 슬프게도, 그는 죽었다.
12. 그녀는 느리게 걷는다.

D

1. c 2. e 3. a 4. b 5. d

[해석]

1. 그는 노래를 잘한다. - 그는 좋은 가수이다.
2. 그는 춤을 잘 춘다. - 그는 좋은 무용수이다.
3. 그는 말을 잘한다. - 그는 좋은 연설가이다.
4. 그는 빠르게 달린다. - 그는 빠른 달리기 선수이다.
5. 그는 열심히 일한다. - 그는 열심히 일하는 사람이다.

p. 86~87

E

1. happily, happy 2. perfectly, perfect
3. loudly, loud 4. good, well

[해석]

1. 그 소녀는 행복하게 노래한다.
   소녀는 행복한 노래를 부른다.
2. 한 선생님은 영어를 완벽하게 하신다.
   한 선생님은 완벽한 영어를 하신다.
3. Emma는 음악을 시끄럽게 틀어 놓는다.
   Emma는 시끄러운 음악을 틀어 놓는다.
4. Minsu는 좋은 수영 선수이다.
   Minsu는 수영을 정말 잘한다.

F

1. slowly 2. angrily 3. beautifully 4. fast

[해석]

1. 달팽이는 느리다. 그것들은 매우 느리게 움직인다.
2. 그는 매우 화가 났다. 그는 매우 화내며 소리를 지른다.
3. 아기는 아름다운 미소를 가졌다. 아기는 아름답게 웃는다.
4. 저것은 매우 빠른 기차이다. 그것은 매우 빨리 달린다.

G

1. fast 2. early 3. very 4. well
5. Happily 6. loudly 7. really 8. hard

[오디오 대본 & 해석]

1. Trains move fast. 기차는 빠르게 움직인다.
2. Jenny gets up early. Jenny는 일찍 일어난다.
3. He is very hungry. 그는 매우 배가 고프다.
4. Mr. Hunters swims well.
   Hunters 씨는 수영을 매우 잘한다.
5. Happily, they lived. 그들은 행복하게 살았다.
6. Please speak loudly. 크게 말씀해 주세요.
7. She is really lucky. 그녀는 정말로 운이 좋다.
8. George works hard. George는 열심히 일한다.

H

slowly, greatly, hard, fast, very, well, loudly, early

Review 4

p. 88~89

A

1. C 2. I 3. C 4. C 5. C

B

1. C 2. C 3. C 4. C 5. I

C

1. C 2. C 3. I 4. C 5. C

D

1. slow animal 2. fast car 3. good singer
4. beautiful girl 5. honest man 6. old building
7. something cold 8. nothing special

[해석]

1. 거북이는 느린 동물이다. 2. 저것은 빠른 자동차다.
3. 그는 좋은 가수이다. 4. 그녀는 아름다운 소녀이다.
5. 그는 정직한 남자이다. 6. 저것은 오래된 건물이다.
7. 나는 찬 것을 원한다. 8. 특별한 것이 없다.

E

1. wonderful, You look wonderful.
2. cold, It is getting cold.
3. great, That sounds great.
4. sweet, This tastes sweet.

[해석]

1. 너는 멋져 보인다. 2. 날씨가 추워진다.
3. 그건 좋은 의견이다. 4. 이것은 달콤하다.

p. 90~91

F

1. a few 2. a little 3. a little 4. a few
5. a little 6. a few 7. a few 8. a few

G

1. some, c 2. some, b 3. any, a
4. some, e 5. any, f 6. any, d

H

1. smiles happily 2. speaks loudly
3. very old 4. runs fast
5. sings well 6. very famous

[해석]

1. 그 아기는 행복하게 웃는다.
2. 그 남자는 시끄럽게 말한다.
3. 그 여자 분은 매우 늙었다.
4. 그 소년은 빠르게 달린다.
5. 그 소녀는 노래를 잘한다.
6. Ken은 매우 유명한 무용수이다.

I

1. slowly 2. nicely 3. beautifully 4. easily
5. fast 6. kindly 7. late 8. early
9. well 10. wonderfully

Hip-Hop Chant

I have little free time.
I don't have much money.
I have many good friends.
And I have a few buddies.

I have little free time.
I don't have much money.
I have many good friends.
And I have a few buddies.

Little time, not much money
Many friends, and a few buddies

Little time, not much money
Many friends, and a few buddies

Little time, not much money
Many friends, and a few buddies

I have little free time.
I don't have much money.
I have many good friends.
And I have a few buddies.

I have little free time.
I don't have much money.
I have many good friends.
And I have a few buddies.

Workbook Answer Key

Unit 1 명사

p. 2~3

A

1. o, 사람 2. o, 사물 3. o, 동물 4. x
5. o, 장소 6. o, 사람 7. o, 사물 8. o, 동물

B

1. Jenny, cat 2. John, park 3. computer, desk
4. birds, zoo 5. milk 6. Canada, country
7. bike 8. roses

[해석]

1. Jenny는 작은 고양이를 가지고 있다.
2. John은 공원에 있다.
3. 내 컴퓨터는 책상 위에 있다.
4. 우리는 동물원에서 많은 새를 볼 수 있다.
5. 그녀는 우유를 마신다.
6. 캐나다는 큰 나라이다.
7. 그는 자전거 타는 것을 좋아한다.
8. 그 장미들은 아름답다.

C

1. salt 2. a spoon 3. tea 4. a knife
5. an egg 6. water 7. bread 8. a banana

[해석]

1. 그것은 소금이다. 2. 그것은 숟가락이다.
3. 그것은 홍차이다. 4. 그것은 칼이다.
5. 그것은 달걀이다. 6. 그것은 물이다.
7. 그것은 빵이다. 8. 그것은 바나나이다.

D

1. cat 2. family 3. coffee 4. trust
5. Seoul 6. boy 7. fruit

Unit 2 단수명사-복수명사

p. 4~5

A

1. goose 2. wives 3. ladies 4. class
5. bags 6. country 7. glass 8. spider

B

1. boys, toys, bananas, cars, students
2. churches, glasses, classes, foxes, kisses

C

1. penguins 2. stories 3. balls 4. plate
5. shelves 6. mirror 7. boxes 8. notebook
9. orange 10. books

[해석]

1. 수족관에는 펭귄들이 많이 있다.
2. Jenny는 이 이야기들을 좋아한다.
3. 체육관에는 공이 네 개 있다.
4. 이 접시는 매우 크다.
5. 그녀는 선반이 몇 개 필요하다.
6. 나는 저 거울을 가지고 싶다.
7. Coco는 지금 박스를 10개 가지고 있다.
8. 나는 공책을 가지고 있지 않다.
9. 엄마는 바구니 안에 오렌지를 가지고 계신다.
10. 저 책들은 책꽂이 안에 있다.

D

1. /z/ 2. /s/ 3. /s/ 4. /iz/ 5. /iz/ 6. /iz/
7. /z/ 8. /z/ 9. /z/ 10. /s/ 11. /s/ 12. /z/

Unit 3 대명사

p. 6~7

A

1. I 2. they 3. she 4. he 5. we
6. you 7. you 8. they 9. they 10. it

B

1. She 2. He 3. We 4. It 5. They
6. You 7. He 8. They 9. She 10. They

[해석]

1. Sally는 나의 친구이다.
2. Tom은 축구를 좋아한다.
3. Jenny와 나는 학교에 간다.
4. 이 의자는 파란색이다.
5. 거리에 많은 차들이 있다.
6. 너와 Nick은 피곤해 보인다.
7. 우리 아버지는 키가 크시다.
8. Eric과 Sam은 형제이다.
9. 한 선생님은 나의 선생님이시다.
10. 거북이는 느리게 기어 간다.

C

1. him 2. them 3. you 4. us 5. her

[해석]

1. Daniel은 Jenny를 좋아한다.

그녀도 그를 좋아한다.
2. 우리 부모님은 나를 사랑하신다.
나도 그분들을 사랑한다.
3. 너는 John에게 매일 전화한다.
그도 너에게 전화한다.
4. Ted와 나는 한 선생님을 좋아한다.
그녀도 우리를 좋아한다.
5. Ann은 매일 그녀의 엄마를 도와 드린다.
그녀의 엄마도 매일 그녀를 돕는다.

D

1. She 2. They 3. it 4. him 5. her 6. We

[해석]

1. 우리 어머니는 식당에서 일하신다. 그녀는 요리사이다.
2. 그 강아지들을 봐. 그것들은 아주 귀엽다.
3. 우리 아버지는 차를 가지고 계신다.
그는 그것을 매주 일요일에 닦으신다.
4. Mike는 John의 친구이다. John은 그를 매우 좋아한다.
5. Emma는 매우 친절하다. 모두가 그녀를 좋아한다.
6. Alex와 나는 책을 많이 가지고 있다.
우리는 함께 그것들을 읽는다.

Unit 4 be동사

p. 8~9

A

1. am 2. are 3. is 4. is 5. is
6. are 7. are 8. is 9. is 10. are

[해석]

1. 나는 미국 출신이다.
2. 너는 햇볕에 탔다.
3. 그는 유명한 무용수이다.
4. 그녀는 나의 할머니이시다.
5. 그것은 나의 배낭이다.
6. 그와 나는 반 친구이다.
7. 너와 나는 한국인이다.
8. 김 선생님은 선생님이시다.
9. 한 선생님은 선생님이시다.
10. 김 선생님과 한 선생님은 선생님들이시다.

B

1. I'm 2. It's 3. You're
4. We're 5. He's 6. They're

C

1. You aren't in New York.
2. I'm not from Canada.
3. Swimming isn't easy.
4. Mom isn't at home.
5. Those socks aren't mine.
6. Ed and Eric aren't 12 years old.

[해석]

1. 너는 뉴욕에 있다. → 너는 뉴욕에 없다.
2. 나는 캐나다 출신이다. → 나는 캐나다 출신이 아니다.
3. 수영은 쉽다. → 수영은 쉽지 않다.
4. 엄마는 집에 계신다. → 엄마는 집에 안 계시다.
5. 저 양말은 나의 것이다. → 저 양말은 나의 것이 아니다.
6. Ed와 Eric은 12살이다. → Ed와 Eric은 12살이 아니다.

D

1. is 2. are 3. aren't 4. is
5. isn't 6. aren't 7. am 8. are

[해석]

1. 그 가족은 농장에 있다.
2. 세 마리의 소가 들판에 있다.
3. 병아리들이 집에 없다.
4. 그 돼지는 울타리 안에 있다.
5. 엄마의 모자는 빨간색이 아니다.
6. 그 소녀의 바지는 노란색이 아니다.
7. 소녀: 나는 너무 신나.
8. 소년: 우리는 행복해!

Unit 5 일반동사

p. 10~11

A

1. watches, b 2. studies, c 3. plays, a
4. has, d 5. finishes, b 6. mixes, b
7. tries, c 8. cleans, a

B

1. I don't go to school every day.
2. You have a pet.
3. He doesn't walk to school.
4. My aunt stays here.
5. My friends don't play basketball.
6. The old man doesn't drive the car.

[해석]

1. 나는 매일 학교에 간다.
→ 나는 매일 학교에 가지 않는다.
2. 너는 애완동물을 가지고 있지 않다.
→ 너는 애완동물을 가지고 있다.
3. 그는 학교에 걸어간다.
→ 그는 학교에 걸어가지 않는다.
4. 우리 고모는 여기에 머물지 않으신다.
→ 우리 고모는 여기에 머무신다.
5. 나의 친구들은 농구를 한다.

→ 나의 친구들은 농구를 하지 않는다.
6. 그 나이 많은 남자는 그 자동차를 운전한다.
→ 그 나이 많은 남자는 그 자동차를 운전하지 않는다.

C

1. dance 2. works 3. have 4. live
5. misses 6. carries 7. flies 8. goes

[해석]
1. 너는 매우 아름답게 춤을 춘다.
2. 나의 엄마는 집에서 일하신다.
3. 나의 형과 나는 많은 책을 가지고 있다.
4. 그들은 큰 집에서 산다.
5. 그녀는 그녀의 남편을 그리워한다.
6. Black 씨는 그의 여행가방을 나른다.
7. 그 비행기는 하늘을 난다.
8. 지구는 태양 주위를 돈다.

D

1. like 2. doesn't like 3. doesn't like
4. like 5. likes 6. likes

[해석]
1. 엄마와 아빠는 사과를 좋아하신다.
2. John은 당근을 좋아하지 않는다.
3. Jenny는 커피를 좋아하지 않는다.
4. 엄마와 아빠는 커피를 좋아하신다.
5. Jenny는 당근을 좋아한다.
6. John은 사과를 좋아한다.

Unit 6 의문문

p. 12~13

A

1. Are you a student?, I am
2. Is he big and tall?, he isn't / he's not / he is not
3. Is she beautiful?, she is
4. Is your dad a teacher?, he is
5. Are they small boxes?, they aren't / they're not / they are not
6. Are the shoes small?, they are
7. Is it wrong?, it isn't / it's not / it is not
8. Is this his backpack?, it isn't / it's not / it is not

[해석]
1. 너는 학생이다.
→ 너는 학생이니? / 그래, 맞아.
2. 그는 덩치가 크고 키가 크다.
→ 그는 덩치가 크고 키가 크니? / 아니, 그렇지 않아.
3. 그녀는 아름답다.
→ 그녀는 아름답니? / 그래, 맞아.
4. 너의 아빠는 선생님이시다.
→ 너의 아빠는 선생님이시니? / 그래, 맞아.
5. 그것들은 작은 상자들이다.
→ 그것들은 작은 상자들이니? / 아니, 그렇지 않아.
6. 그 신발은 작다.
→ 그 신발은 작니? / 그래, 맞아.
7. 그것은 틀렸다.
→ 그것은 틀렸니? / 아니, 그렇지 않아.
8. 이것은 그의 배낭이다.
→ 이것은 그의 배낭이니? / 아니, 그렇지 않아.

B

1 Is Cathy a pianist?
2. Is he a bus driver?
3. Are you at home?
4. Am I sunburned?
5. Is this dress expensive?
6. Are these girls 10 years old?

[해석]
1. Cathy는 피아니스트니?
2. 그는 버스 운전사니?
3. 너는 집에 있니?
4. 나 햇볕에 많이 탔니?
5. 이 드레스는 값이 비싸니?
6. 이 소녀들은 10살이니?

C

1. Do, like 2. Does, watch 3. Does, eat
4. Do, study 5. Does, go 6. Do, play

[해석]
1. 너는 사과를 좋아하니?
2. 그는 매일 밤 TV를 시청하니?
3. 너의 선생님은 아침을 드시니?
4. 그들은 방과 후에 과학을 공부하니?
5. Mark는 영화를 많이 보러 가니?
6. 그 소녀들은 함께 축구를 하니?

D

1. Yes, he does. 2. Yes, they do.
3. No, she doesn't. 4. Yes, I(we) do.
5. Yes, he does. 6. No, they don't.

[해석]
1. 그는 주스를 마시니? / 그래, 맞아.
2. 그들은 책을 읽니? / 그래, 맞아.
3. Jill은 TV를 시청하니? / 아니, 그렇지 않아.
4. 너(희)는 설거지를 하니? / 그래, 맞아.
5. 그 소년은 그림을 그리니? / 그래, 맞아.
6. 그 아이들은 야구를 하니? / 아니, 그렇지 않아.

Unit 7 관사

p. 14~15

A

1. a 2. a 3. x 4. x 5. an
6. a 7. x 8. an 9. a 10. a

B

1. an orange 2. a hamburger
3. a pencil 4. an umbrella
5. a blue shirt 6. an orange shirt

[해석]
1. 나는 오렌지를 먹고 싶다.
2. 나는 햄버거를 먹고 싶다.
3. 나는 연필이 필요하다.
4. 나는 우산이 필요하다.
5. 이것은 파란색 셔츠이다.
6. 이것은 주황색 셔츠이다.

C

1. an 2. The 3. the 4. the
5. x, The 6. A, The 7. a, The 8. x

[해석]
1. 지금 비가 내리고 있다. 우산을 가져가거라.
2. Mike는 사과를 조금 산다. 그 사과는 초록색이다.
3. Sarah는 달에 대해서 공부한다.
4. Luke는 항상 그의 엄마와 함께 피아노를 연습한다.
5. Grace는 빵을 먹는다. 그 빵은 맛있다.
6. 개 한 마리가 소파에 앉아 있다. 그 개는 TV를 보고 있다.
7. Jenny는 고양이를 한 마리 가지고 있다.
그 고양이는 꼬리가 길다.
8. Jake는 매일 우유를 마신다.

D

1. the 2. a 3. the 4. a 5. an 6. the

[해석]
1. 그녀는 피아노를 친다.
2. 그 신사는 비행기 조종사이다.
3. 그 소년은 달을 본다.
4. 그 소녀는 자전거를 한 대 가지고 있다.
5. 그녀는 사과를 한 개 먹고 있다.
6. 이 소녀는 기타를 친다.

Unit 8 지시대명사

p. 16~17

A

1. those balls 2. this desk
3. these apples 4. that hat
5. these pencils 6. this rose
7. those classes 8. this wolf
9. these babies 10. that dish
11. those foxes 12. that fly

B

1. That, is 2. This, chair
3. This, toy 4. That, is

[해석]
1. 저것들은 그의 새 시계들이다.
→ 저것은 그의 새 시계이다.
2. 이 의자들은 부서졌다.
→ 이 의자는 부서졌다.
3. 이것들은 나의 오래된 장난감들이다.
→ 이것은 나의 오래된 장난감이다.
4. 저 사과들은 매우 맛있다.
→ 저 사과는 매우 맛있다.

C

1. This cookie 2. Those cups
3. These socks 4. Those flowers
5. This kitten 6. That building

[해석]
1. 이것은 달콤한 과자이다.
→ 이 과자는 달콤하다.
2. 저것들은 파란색 컵들이다.
→ 저 컵들은 파란색이다.
3. 이것들은 더러운 양말이다.
→ 이 양말들은 더럽다.
4. 저것들은 예쁜 꽃들이다.
→ 저 꽃들은 예쁘다.
5. 이것은 매우 귀여운 새끼 고양이다.
→ 이 새끼 고양이는 매우 귀엽다.
6. 저것은 높은 건물이다.
→ 저 건물은 높다.

D

1. This 2. that 3. Those 4. These

[해석]
1. 이 강아지는 매우 귀엽다.
2. 저 새끼 고양이는 어떠니?
3. 저 소들은 매우 크다!
4. 이 병아리들은 아주 작다!

Unit 9 유도부사

p. 18~19

A

1. There is 2. There are 3. There is
4. There is 5. There are 6. There are

[해석]

1. 창문 옆에 의자가 하나 있다.
2. 일주일에 7일이 있다.
3. 냉장고에 우유가 조금 있다.
4. 그릇에 설탕이 조금 있다.
5. 집에 강아지가 두 마리 있다.
6. 동물원에 사람들이 많이 있다.

B

1. There isn't a kitten under the table. /
   Is there a kitten under the table?
2. There isn't a black jacket in the closet. /
   Is there a black jacket in the closet?
3. There aren't many parks in this town. /
   Are there many parks in this town?

[해석]

1. 탁자 아래에 새끼 고양이가 한 마리 있다.
   → 탁자 아래에 새끼 고양이가 없다.
   → 탁자 아래에 새끼 고양이가 있니?
2. 옷장에 검은색 재킷이 있다.
   → 옷장에 검은색 재킷이 없다.
   → 옷장에 검은색 재킷이 있니?
3. 이 마을에 공원이 많이 있다.
   → 이 마을에 공원이 많지 않다.
   → 이 마을에 공원이 많이 있니?

C

1. there is, there isn't / there's not / there is not
2. there are, there aren't / there're not /
   there are not
3. there is, there isn't / there's not / there is not
4. there are, there aren't / there're not /
   there are not

[해석]

1. 벽에 시계가 하나 있니?
   그래, 있어. / 아니, 없어.
2. 교실에 학생들이 좀 있니?
   그래, 있어. / 아니, 없어.
3. 찬장에 소금이 좀 있니?
   그래, 있어. / 아니, 없어.
4. 기차역에 사람들이 많이 있니?
   그래, 많아. / 아니, 많지 않아.

D

1. are 2. socks 3. is 4. aren't
5. Is 6. dog 7. books 8. water

[해석]

1. 바구니에 사과가 10개 있다.
2. 서랍에 많은 양말이 있다.
3. 탁자 위에 오렌지가 하나 있다.
4. 옷장에 모자가 많지 않다.
5. 침대 아래에 지우개가 하나 있니?
6. 집 안에 개가 한 마리 있니?
7. 그 상점에 책이 많지 않다.
8. 물컵에 물이 좀 있다.

Unit 10 형용사

p. 20~21

A

1. fast 2. happy 3. short 4. bad
5. young 6. cold 7. open

B

1. isn't, weak 2. isn't, clean 3. are, old
4. is, long 5. isn't, sick 6. aren't, cheap

[해석]

1. 그 남자는 튼튼하다.
   = 그 남자는 약하지 않다.
2. 이것은 더러운 방이다.
   = 이것은 깨끗한 방이 아니다.
3. 나의 부모님은 젊지 않으시다.
   = 나의 부모님은 나이가 많으시다.
4. 그 줄은 짧지 않다.
   = 그 줄은 길다.
5. Lisa는 건강한 소녀이다.
   = Lisa는 아픈 소녀가 아니다.
6. 그 반지들은 값이 비싸다.
   = 그 반지들은 값이 싸지 않다.

C

1. f 2. c 3. a 4. d 5. b 6. e

[해석]

1. 이 스웨터는 부드럽다.
2. 그 과자들은 맛있는 냄새가 난다.
3. Jenny의 드레스는 아름답다.
4. 날씨는 점점 더 따뜻해진다.
5. 그의 목소리는 좋다.
6. 이 음식은 맛이 훌륭하다.

D

1. Do they like this interesting book?
2. Look at the tall building.
3. John wants something cold.
4. She doesn't like the boring movie.
5. Does he have a blue car?

[해석]

1. 그들은 이 재미있는 책을 좋아하니?
2. 저 높은 건물을 봐.
3. John은 차가운 것을 원한다.
4. 그녀는 그 지루한 영화를 좋아하지 않는다.
5. 그는 파란색 차를 가지고 있니?

D

1. little 2. few 3. any 4. any
5. some 6. little 7. some 8. few

[해석]

1. 그녀는 물이 조금 필요하다.
2. 그는 표를 조금 산다.
3. 그녀는 친구가 좀 있니?
4. 컵에 차가 조금도 없다.
5. 주스를 좀 마실래?
6. 이번 여름에는 비가 거의 오지 않는다.
7. 그릇 안에 치즈가 조금 있다.
8. Tom은 책을 거의 읽지 않는다.

Unit 11 수량형용사

p. 22~23

A

1. much 2. many 3. much 4. much
5. many 6. many 7. much 8. many

[해석]

1. Chris는 커피를 많이 마시지 않는다.
2. 이 선생님은 과자를 많이 먹는다.
3. Bill은 돈을 많이 가지고 있지 않다.
4. Ted는 수프에 소금을 많이 넣지 않는다.
5. Sam은 책을 많이 읽는다.
6. Jenny는 친구들이 많다.
7. 엄마는 밀가루가 많이 필요하진 않으시다.
8. 거리에 차들이 많다.

B

1. a few 2. little 3. a little
4. a little 5. a few 6. few

C

1. a lot of 2. some 3. a few 4. lots of
5. some 6. a few 7. much 8. a little

[해석]

1. Tom은 돈을 많이 가지고 있다.
2. Jerry는 장난감을 몇 개 가지고 있다.
3. Chris는 책을 조금 읽는다
4. Tim은 매일 우유를 많이 마신다.
5. 나의 여동생은 과자를 조금 먹는다.
6. Shawn은 친구가 몇 명 있다.
7. 그녀는 차를 많이 마시지 않는다.
8. 나의 엄마는 설탕을 조금 넣으신다.

Unit 12 부사

p. 24~25

A

1. slowly 2. heavily 3. late 4. perfectly
5. great 6. safely 7. kindly 8. dangerously

B

1. comes 2. rains 3. he won the race
4. eats 5. good 6. listen 7. dances 8. kind

[해석]

1. Mary는 학교에 일찍 온다.
2. 비가 심하게 내린다.
3. 다행히도, 그는 경기에서 이겼다.
4. 그녀는 점심을 빨리 먹는다.
5. Dan은 아주 좋은 달리기 선수이다.
6. 주의 깊게 들어 보세요.
7. 그는 춤을 잘 춘다.
8. Sam은 아주 친절하다.

C

1. happily - b 2. early - c 3. easily - b
4. fast - c 5. carefully - a 6. well - d

D

1. fast 2. slowly 3. high 4. well

[해석]

1. 치타는 빠르게 달린다.
2. 코끼리는 천천히 움직인다.
3. 독수리는 높이 난다.
4. 펭귄은 수영을 잘한다.

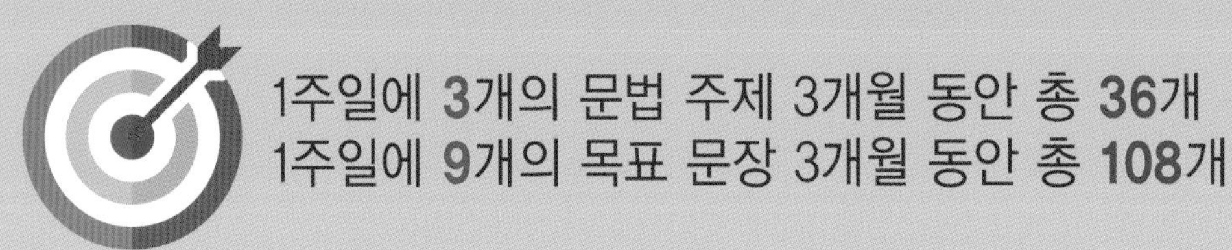

http://chomokdal.ebslang.co.kr